# NAS TRILHAS DE QUIXOTE

*Fernando Granato*

# NAS TRILHAS DE QUIXOTE

## Uma viagem pelos caminhos do Cavaleiro Andante

EDITORA RECORD
RIO DE JANEIRO • SÃO PAULO

2005

Cip-Brasil. Catalogação-na-fonte
Sindicato Nacional dos Editores de Livros, RJ.

G778n Granato, Fernando
Nas trilhas de Quixote: uma viagem pelos caminhos do cavaleiro andante / Fernando Granato. - Rio de Janeiro : Record, 2005.

ISBN 85-01-07447-0

1. Granato, Fernando - Viagens - Espanha. 2. Cervantes Saavedra, Miguel de, 1547-1616. Dom Quixote. 3. Dom Quixote (Personagem fictício) - Viagens - Andaluzia (Espanha). 4. Andaluzia (Espanha) - Descrição e viagens. 5. Andaluzia (Espanha) na literatura. I. Cervantes Saavedra, Miguel de, 1547-1616. II. Título.

CDD 914.6
05-2969 CDU 913(460)



Projeto gráfico: Regina Ferraz


DISTRIBUIDORA RECORD DE SERVIÇOS DE IMPRENSA S.A.
Rua Argentina 171 - Rio de Janeiro, RJ - 20921-380 - Tel.: 2585-2000

---

Impresso no Brasil

ISBN 85-01-07447-0

PEDIDOS PELO REEMBOLSO POSTAL
Caixa Postal 23.052
Rio de Janeiro, RJ - 20922-970

*Dedico este livro*
*a Azorín,*
*o repórter espanhol*
*que há 100 anos*
*foi o precursor*
*dessas trilhas*

SUMÁRIO

# *A caminho da Mancha*

Aeroporto de Barajas, Madri. Cinco e dez da manhã. Aviões procedentes de diversas partes do mundo formam uma longa fila no céu e vão entrando um atrás do outro na aproximação da pista 36R, usada regularmente para pousos. A aeronave em que estou, um Airbus 340, da Iberia, desce exatamente às cinco horas e quinze minutos e estaciona no terminal I, utilizado para os vôos internacionais.

O frio atípico para o começo de primavera obriga os passageiros a se agasalharem antes de desembarcar. Ainda está escuro, mas o movimento nos corredores do aeroporto já é surpreendente: os vôos vindos da América do Sul praticamente dominam as esteiras de bagagens. Não resta dúvida de que a Espanha é mesmo a matriz colonial do continente sul-americano.

Depois de alguma dificuldade, encontro minha mala na esteira referente ao vôo IB 6824 e dirijo-me à fila da Imigração. O agente olha detidamente e pergunta o que me traz à Espanha. Desde o ataque terrorista à Estação Atocha, ocorrido na manhã de 11 de março de 2004, a fiscalização está mais rigorosa nos aeroportos do país.

Digo que venho fazer pesquisas para uma reportagem sobre os 400 anos de lançamento de *O engenhoso fidalgo Dom Quixote de La Mancha* – o livro mais editado no mundo, depois da Bíblia – e que vou percorrer a região de Castilla La Mancha, cenário da obra literária.

Miguel de Cervantes (1547-1616), o autor de Quixote, considerado o precursor do romance moderno, abriu a sua mais célebre história descrevendo o personagem principal e localizando no mapa o palco da sua narrativa: "*Num lugar da Mancha, cujo nome não quero lembrar, vivia, não faz muito tempo, um fidalgo (...) Já beirava os cinqüenta; era de compleição rija, seco de carnes, enxuto de rosto, madrugador habitual e amigo das caçadas.*" É para esse lugar apontado pelo escritor que vou.

O funcionário da Imigração me pede alguma identificação como "periodista". Entrego uma carta do Departamento de Turismo da

Junta de Comunidades de Castilla La Mancha, o poder público regional, que ajudou na elaboração do roteiro de viagem. O agente deixa o balcão com a carta nas mãos. Volta após alguns minutos, mira nos meus olhos e diz com a voz grave: "Cuide bem do nosso Quixote. O senhor vai falar de um assunto que é muito caro para nós, espanhóis."

Depois de alugar um valente Toyota a diesel, o carro básico oferecido pela locadora, pego a rodovia N-401, rumo à cidade de Toledo, com o sol nascendo à minha frente. O pequeno município de Barajas, onde fica o aeroporto, está a 12 quilômetros do centro de Madri. Não é preciso passar pela capital espanhola para seguir meu caminho. A auto-estrada é larga e moderna. Aos poucos vou deixando para trás uma zona industrial praticamente deserta. Madri e seus arredores ainda dormem nesta manhã de feriado, sexta-feira santa.

A vegetação toma novos contornos. Surgem enormes planícies pedregosas de cor ocre, com arbustos ralos e algumas montanhas distantes. Nem uma hora de viagem e uma placa indica que já estou em Castilla La Mancha, uma das 17 comunidades autônomas do Reino da

Espanha, que se estende por uma superfície de 79.463 quilômetros quadrados – o que significa cerca de 16% do território nacional –, e engloba as províncias de Albacete, Cidade Real, Cuenca, Guadalajara e Toledo. Um pedaço de terra quase do tamanho de Portugal, que tem 88.500 quilômetros quadrados. Quase o dobro da Suíça, com seus 41.288.

Como será este lugar que entrou para a história universal da literatura? Quem serão os habitantes das pequenas cidades manchegas? O que há de diferente nesse ambiente para ter gerado, mesmo que na ficção, uma figura tão estranha e fascinante como Dom Quixote?

Lembro de uma descrição do povo manchego, feita pelo filósofo e escritor espanhol Miguel de Unamuno: "É uma casta de compleição seca, dura, tostada pelo sol e curtida pelo frio, uma casta de homens sóbrios, produto de uma larga seleção provocada por um gelado e rigoroso inverno e uma série de penúrias periódicas, produzidas pela inclemência do céu e pela pobreza da vida."

Ao entrar na Mancha, minha imaginação trabalha no ritmo do Cavaleiro da Triste Figura, como era chamado Dom Quixote: um personagem com fome e sede de aventuras. Um pouco adiante avisto Toledo, a principal localidade da comunidade autônoma, sede do governo local. A paisagem impressiona a distância, pela disposição irregular das construções, esparramadas sobre uma colina, toda ela cercada por enormes muralhas. Antiga capital na Idade Média, a cidade, que chegou a ser a mais habitada de toda a Península Ibérica, vista de longe lembra um forte medieval.

Para entender Toledo e a própria Mancha é preciso voltar no tempo. Iberos, romanos, visigodos, muçulmanos e cristãos viveram, lutaram e deixaram suas marcas na região. A arquitetura, os costumes e a própria língua falada no lugar resultam dessa mescla de civilizações. Ainda no final do século II a.C. ocorreram aqui as primeiras incursões de romanos contra os iberos. Com a decadência do Império Romano, o povo visigodo — formado por tribos de origem germânica – penetrou na península e ocupou essas terras, unificando o país e transformando-o em reino, elegendo Toledo como capital política e religiosa.

A monarquia visigótica perdeu força no início do século VIII e, em 711, os árabes começaram a se assentar na região, dando início a uma longa época de domínio cultural e religioso. Inicialmente dependente do califado de Damasco, a Espanha muçulmana tornou-se, em 756, um emirado independente e, em 929, um califado.

Foi um período de prosperidade, com a introdução de novas culturas, como algodão e oliveiras, e de produção artesanal de seda e lã. Também uma fase de intensa vida intelectual. Esse poderio, entretanto, acabou minado por lutas internas. O califado desabou em 1031 e foi fragmentado em cerca de 20 reinos, cujas rivalidades favoreceram a reconquista da península pelos cristãos.

Beneficiados pela fragilidade política dos muçulmanos, os reinos cristãos avançaram lentamente desde o norte e reconquistaram as principais praças e territórios em poder dos árabes. Alfonso VI, um desses reis cristãos, tomou Toledo no ano de 1085. Alfonso VIII ocupou a cidade de Cuenca em 1177. Anos mais tarde, em 1255, outro monarca cristão, Alfonso X, fundou a Vila Real, logo chamada de Cidade Real e transformada em capital da província.

Em 1492, foi levada à frente uma ofensiva cristã contra o último baluarte mouro: a cidade de Granada. Estava terminada assim a reconquista, iniciada sete séculos antes. Essa verdadeira cruzada delineou as estruturas políticas e sociais dos reinos cristãos, criando uma sociedade guiada pelo clero, pela nobreza e pelas poderosas ordens religiosas e militares.

Essas ordens lutaram para ajudar a Coroa a expulsar os árabes e, em contrapartida, os reis outorgaram extensas terras aos líderes desses grupos, que têm importante atuação nas reconquistas. Sobretudo a Ordem de Calatrava, a mais antiga das ordens militares espanholas. Ela surgiu após a tomada de Toledo por Alfonso VI, quando os muçulmanos escolheram como ponto de reação contra os cristãos o castelo de Calatrava, no vale do Rio Guadiana, onde hoje está o povoado de Carrión de Calatrava.

Em 1147, compreendendo os cristãos a importância estratégica do castelo de Calatrava, Alfonso VII apoderou-se dele e o entregou a um grupo de cavaleiros fiéis à Coroa, para sua conservação. Sentindo-se impotente diante das forças inimigas, esses cavaleiros devolveram a posse do castelo ao reinado. Com o passar do tempo, o rei ofereceu a propriedade definitiva de toda a região onde estava a fortaleza para aqueles que se dispusessem a cuidar da sua defesa.

Foi assim que se organizou em Toledo um novo grupo, liderado pelos frades da Ordem Del Cister, Raimundo Sierra, abade do mosteiro de Santa Maria de Fitero, e Diego Velázquez, religioso que, no passado, havia sido um valente soldado. Oferecendo absolvição dos pecados para aqueles que ajudassem na empreitada, os frades realizaram grandes obras de defesa no castelo e garantiram seus domínios aos cristãos.

Depois disso, resolveram impor um caráter militar mais rígido à instituição: elegeram um mestre civil, obrigaram seus integrantes a fazerem votos de castidade, pobreza, obediência ao mestre e ainda a vestirem um hábito branco, marcado com uma cruz vermelha. Assim foi fundada a Ordem de Calatrava, aprovada pelo papa Alejandro III em 1164. O grupo logo reuniu expressiva quantia de dinheiro, armas e arrastou uma multidão de fiéis para aquela que seria uma das mais poderosas instituições espanholas, com importantíssimos serviços prestados nas guerras de reconquista.

Sob o domínio dos reis católicos, a Espanha lançou as bases de seu império colonial, com as possessões ultramarinas que resultaram na descoberta da América por Cristóvão Colombo. No âmbito interno, o poder foi centralizado nas mãos dos soberanos e a temível Inquisição tratou de promover uma unificação religiosa, condenando à morte aqueles que se opunham ao cristianismo.

Em 1478, foram expulsos do país os judeus. Entre 1609 e 1614, num dos episódios mais dramáticos da história da Espanha, mais de 300 mil mouros que restavam – e que haviam sido convertidos à força ao cristianismo – também se viram obrigados a deixar para trás seus pertences e foram expulsos violentamente do país.

## *Pelas ruelas toledanas*

A Mancha guarda marcas do confronto de civilizações pelo qual passou. Castelos e fortalezas, muitos deles em ruínas, dão a noção do tamanho das disputas travadas na região. As construções religiosas também demonstram a pluralidade de credos. Em Toledo, monumentais igrejas, sinagogas e mesquitas disputam o mesmo reduzido espaço – o centro histórico – numa pequena área que mais parece um labirinto de ruelas e becos.

O emaranhado de ruas, com piso irregular de pedra, é uma característica típica de uma cidade edificada por árabes, que assim faziam para confundir os inimigos nas perseguições. Alguns desses lugares chamaram a atenção de Cervantes e mereceram menção especial em *Dom Quixote*.

É o caso da antiga rua dos mercadores, a "*Alcaná de Toledo*", onde forasteiros de toda a região se abasteciam de suprimentos, como trigo e cevada. Para dar veracidade a sua novela, Cervantes cita essa rua, muito freqüentada pelos mouros, como sendo o local onde encontrou provas reais da existência de Quixote: documentos elaborados por um tal Cide Hamete Benengeli, "*mítico historiador árabe*", sobre a vida do cavaleiro andante.

Além de levar um exemplar de *Dom Quixote* debaixo do braço, para reler essas passagens, é necessário bom condicionamento físico para percorrer as ladeiras e conhecer detidamente lugares históricos da cidade, como a Catedral, em estilo gótico, construída entre 1226 e 1492. A catedral deve ser vista por fora e por dentro, minuciosamente. Para se ter uma idéia da sua grandiosidade, alguns aspectos devem ser levados em conta: sua estrutura de sustentação inclui 88 pilares com 16 colunas, sobre as quais descansam 72 abóbadas distribuídas em cinco espaçosas naves.

Numa extensão de 115 metros, todo o interior do templo é ocupado por diversas capelas. No centro, no espaço entre a terceira e a quarta abóbadas, num piso elevado, fica a capela Maior. Na sua frente, o coro. Ao todo são 750 vitrais com representações das passagens do Novo Testamento. Na arte pictórica, aliás, é que está o maior destaque da catedral: em seu acervo encontram-se quadros-murais de artistas como El Greco e Goya.

Próximo dali, outra imponente obra que pode ser visitada é o Palácio Imperial, também chamado de *Alcázar*, do século III, que começou a ser construído com traços da arquitetura romana e mais tarde recebeu retoques da cultura visigótica. Por isso, cada fachada desse emblemático edifício corresponde a uma época e tem estilo diferente. Por causa de um incêndio ocorrido na Guerra Civil, de 1936, o prédio teve que ser reformado e hoje abriga um museu e uma grande biblioteca.

Profunda restauração sofreu também a casa onde viveu o pintor El Greco. Tudo está fielmente reproduzido, incluindo a cozinha, um lindo jardim, salas e escadas. Um passeio pelo seu interior faz imaginar a rotina de afazeres do pintor cretense naquela Toledo do século XVII, uma época de efervescência cultural, na qual a cidade ditava regras para o mundo artístico.

Nesse cenário, El Greco e seus seguidores promoveram uma revolução na estética vigente, subvertendo as normas clássicas e adquirindo uma dimensão expressionista. O ambiente exala um clima de revolução. No museu, ao lado da casa, estão expostos quadros do artista, como *Vista e plano de Toledo*, *Retratos dos apóstolos*, *Jesus abençoando São João Evangelista* e *Jesus crucificado*.

Descendo a rua onde está a casa de El Greco, vêem-se diversas *tiendas* de produtos típicos. São lojinhas de jóias e bijuterias com desenhos árabes, os *damasquinados* – trabalhados em ouro amarelo de 24 quilates e ouro verde 18 – e de lenços e xales de seda. No tempo do comando muçulmano, o reino de Toledo se sobressaiu entre as outras regiões pela riqueza de seus tecidos, feitos em oficinas artesanais que empregavam grande parte dos moradores.

Em finais do século XVI, já sob o domínio cristão, quando a seda e a lã – os principais produtos da economia toledana – começaram a escassear, uma onda de pobreza tomou conta da cidade. Um levantamento oficial produzido no ano de 1576, a pedido do rei Felipe II, e que hoje se encontra nos arquivos municipais, informa: "A gente desse povo não é rica, antes demonstra muita pobreza, de tal maneira que de dez partes de seus moradores, nove podem pedir e só uma dar, e não há como em Sevilha e Burgos e outros portos de mar, gente possuidora de milhares de ducados...”

A causa para a pobreza, segundo o documento, assinado pelo escrivão público Luis Hurtado, era: “carência de seda e de lã para serem comercializadas e a horda de desocupados que invadiu a cidade, acreditando que as confrarias beneficentes não lhes negariam mantimentos”.

Vem dessa época de decadência econômica outro produto que ainda é comercializado nas tendas de Toledo: os famosos *mazapanes*, no Brasil conhecidos como marzipãs, um doce também de origem árabe que consiste numa pasta de amêndoas e açúcar. A história do confeito remete ao período em que a cidade estava sitiada por Alfonso VI e faltava aos muçulmanos, tratados como corja, farinha para fazer pão. Como eles dispunham de reservas de açúcar e amêndoas, inventaram essa iguaria que substituía o tradicional pão.

Saboreando um *mazapane*, sigo para outro ponto de referência da invasão moura na Espanha, também citado em *Quixote*: a charmosa praça de Zocodover. Durante o domínio árabe, neste lugar eram exibidas as cabeças dos inimigos. A decapitação servia de exemplo aos que infringiam as rigorosas leis muçulmanas estabelecidas pelos quatro monarcas que governaram Toledo de 1012 até 1085: Ismali Ab Rahman, Yahia bem Ismail, Hescham e Yahía bem Yahía.

Ao passar das mãos muçulmanas para as cristãs, a praça de Zocodover continuou sendo o cenário de execução de criminosos. Desenvolveu-se ali, também, um comércio ambulante de especiarias e gêneros alimentícios, além da chamada bolsa de cereais, onde era negociado o trigo produzido na região. Os compradores disputavam, aos gritos, os melhores preços oferecidos pelos lavradores.

É nesta mesma praça que, nesta sexta-feira santa, vão se concentrar as procissões católicas que saem de todas as igrejas da cidade para formar um espetáculo cristão que nos remete a mais de 2 mil anos. Cada irmandade e confraria promove sua peregrinação e, por fim, já tarde da noite, todas elas eclodem em Zocodover, num espetáculo que remonta à agonia e morte de Cristo.

Parece um grande teatro cristão a céu aberto. Enquanto jovens seminaristas — vestindo túnica vermelha, um manto branco e capuz roxo — fazem uma representação do Capítulo dos Cavaleiros Penitentes de Cristo Redentor, membros da Confraria do Santíssimo, com seus hábitos negros, caminham levando a imagem do Senhor morto, num silêncio só interrompido pelo som da matraca e pelo bumbo, que marca o compasso das paradas.

Em outro canto de Toledo, a Esquadra de Armados da Confraria de Nossa Senhora de Soledad ganha as principais ruelas da cidade. Ela é composta por 27 membros, vestidos em armaduras, com lanças e escudos. São comerciantes, profissionais liberais e homens comuns da sociedade toledana, que deixam de lado sua rotina para participar com devoção da solenidade católica.

Crianças trajadas em hábitos religiosos, velhos e mulheres também engrossam as procissões. Todos circunspectos e solenes. Carregam nos ombros, alguns demonstrando muita dificuldade, pesadas imagens de santos, em andores ornamentados com ouro e prata. Ao final, cada um dos cortejos dá uma volta completa na praça, sob o olhar respeitoso da população, que lota as ruas em pé ou sentada nas cadeiras improvisadas nas calçadas.

O relatório feito em 1576, a pedido do rei, comprova que essa encenação se repete há mais de quatro séculos, praticamente da mesma forma. No relato, feito pelo escrivão Luis Hurtado, está registrado: "É coisa notável e de grande consideração a procissão que a dita Santa Igreja faz por quase toda a cidade, com ruas e janelas ornamentadas."

Tudo em Toledo faz parte de um ritual secular. Dessa forma, a noite termina para mim no mais antigo restaurante da cidade, o La Abadia, onde são servidas receitas dos abades medievais, como a perdiz estofada, cuidadosamente preparada no azeite, açafrão e pimenta. Na companhia, é claro, de um encorpado vinho da casa com todas as características de um bom tinto espanhol: forte e aromático.

O ritual do jantar começa com um pedaço de pão colocado sobre a mesa, sem prato. A tradição manda que se molhe o pão no azeite e o saboreie intercalando com goles de vinho. Depois, vem o prato principal, fumegante e com um cheiro forte de açafrão. A sobremesa é uma torta caseira de amora e, em seguida, o café, acompanhado de saborosos biscoitos amanteigados. Concluído o cerimonial gastronômico, só resta dormir e se deixar levar nos sonhos para dentro da obra de Cervantes. Afinal, amanhã entro nos territórios onde se desenrolam as mais importantes aventuras do nosso cavaleiro andante.

## *As* ventas *de Porto Lápice*

Deixar Toledo é uma empreitada difícil. Os carros só podem permanecer no centro histórico o tempo suficiente para embarque e desembarque, o que torna uma epopéia a retirada das bagagens da pousada, uma construção de três andares que foi adaptada para receber hóspedes depois de ter servido durante anos como moradia.

Para percorrer de automóvel uma distância de menos de um quilômetro, é necessário dar voltas por quase toda a cidade, entre vielas e ladeiras cheias de lojas e pedestres. Bicicletas, lambretas e muitos turistas com máquinas fotográficas ocupam ruas e calçadas. Uma hora, no mínimo, é o que se gasta para atingir a famosa Porta de Toledo, a única que restou da antiga proteção amuralhada e que é a saída da cidade.

Uma inscrição colocada no arco da porta, de difícil leitura, atesta que a construção é de

1328 e que foi erguida a mando de Afonso XI. Formada por duas torres quadrangulares, de pedra, entre as quais se escoram os arcos da porta, é uma típica obra da arquitetura militar medieval, uma das poucas que restaram em toda a Espanha.

São oito horas da manhã quando consigo pegar a estrada. Apesar do sol forte e do céu azul, sem nenhuma nuvem, um vento frio ainda mantém a temperatura abaixo dos 10 graus, resquício de um dos invernos mais rigorosos vividos na Europa nos últimos 20 anos. A antiga capital medieval, vista de longe, lembra uma cidade cenográfica, com suas muralhas e construções de pedra estrategicamente armadas sobre sete colinas.

Sigo por cerca de meia hora na direção de Sevilha, ao sul, até surgir o cruzamento para a cidade de Madridejos. Nesse desvio, pego a vicinal C-417 e parto rumo a Porto Lápice, lugarejo citado por Miguel de Cervantes como o destino da primeira saída de Dom Quixote. Assim como o engenhoso fidalgo, que "*muito caminhou sem ninguém encontrar*", percorro muitos quilômetros em meio a uma paisagem deserta, quase triste.

Logo que atravesso a região de Toledo noto um cenário marcado pela aridez, que se estende mais ou menos uniforme – com algumas exceções – até o continente africano. Por isso, alguns geógrafos exageram dizendo que "a África começa na Mancha", numa alusão a essa tendência para a aridez, que se reflete numa vegetação típica de estepe, com plantas rasteiras que sobrevivem em um ambiente de pouca água. O mesmo panorama monótono, propício a delírios e devaneios, que acompanhou a viagem do nosso herói: um lugar onde os minutos custam a andar e tudo parece permanecer no mais profundo repouso, numa estagnação que se perpetua há séculos.

Já passa do meio-dia quando surge Porto Lápice, uma pequena vila de casas brancas e varandas em ferro trabalhado, literalmente cortada pela estrada. Sobre esse lugar, Dom Quixote dizia: "*Aqui se pode enfiar as mãos até os cotovelos nisso que se chamam aventuras.*" Com seus 1.100 habitantes, a localidade já teve maior importância no tempo em que os tropeiros paravam ali para descansar e trocar de cavalos. Por sua localização geográfica, no coração da Espanha, era um conhecido ponto de pouso de viajantes.

Miguel de Cervantes, um viajante contumaz, antes de passar para o papel sua obra-prima, percorreu grande parte da Mancha colhendo elementos reais para rechear sua ficção. Assim, conheceu de perto as pousadas de Porto Lápice, chamadas àquela época de *ventas*, uma instituição manchega de grande significação por reunir, no período de Quixote, vários estabelecimentos comerciais em apenas um edifício: a hospedaria, o empório, a cocheira e a bodega.

Numa dessas estalagens Cervantes situou uma das principais passagens do livro, aquela em que Dom Quixote realiza seu desejo e é armado cavaleiro. Desde a Idade Média, a figura do cavaleiro desempenhava um papel heróico na sociedade, defendendo a Igreja e a Coroa, protegendo os pobres, os órfãos, as viúvas, com lealdade, fidelidade e bravura. A literatura da época resumia-se a narrar as aventuras desses tais paladinos. Cervantes, por meio de Quixote, ao mesmo tempo satiriza e descreve os costumes da sua época.

Na cena escrita por Cervantes, o fidalgo ocioso e decadente – que enlouquecera de tanto ler os romances de cavalaria – chega a uma dessas vivendas exausto e com muita fome, depois de um dia de viagem com seu cavalo Rocinante. O texto de Cervantes diz: "*À porta da venda estavam duas moças de vida fácil que lhe pareceram ser damas graciosas ou formosas donzelas. Com um fraseado incompreensível e mesuras que as fizeram rir, ele as saudou como altas donzelas e entrou na venda.*"

Depois do jantar, Dom Quixote pede ao vendeiro que lhe conceda o favor de armá-lo cavaleiro. O dono do estabelecimento, percebendo a loucura de seu hóspede e pretendendo tirar proveito dela, promete que o fará na manhã seguinte. Diz ainda que, como não há capela por ali, as armas de Dom Quixote tinham que ser veladas no pátio, durante a madrugada. O fidalgo passa então a noite ao relento e acaba se envolvendo numa briga com um cavalariço, que havia mexido em seus objetos. A cerimônia que o tornaria cavaleiro acabou acontecendo pouco antes do amanhecer. Cervantes a descreve assim: "*Para evitar mais confusão, o vendeiro decidiu antecipar o ritual e sem demora tratou de armá-lo cavaleiro. Ao fim de tudo, mandou que uma das damas lhe cingisse a espada, o que foi feito. Concluída a nunca vista cerimônia, achou Dom Quixote que era hora de montar em seu cavalo e sair à busca de aventuras. Selou o Rocinante, subiu nele e, abraçando o vendeiro, despediu-se com um discurso tão extravagante que ninguém entendeu. O vendeiro, que por sua vez só pensava em livrar-se dele, com poucas palavras e sem cobrar-lhe a conta, deixou-o ir embora."*

Na entrada de Porto Lápice, vejo uma placa indicando Venta Del Quijote. Trata-se de uma reprodução exata do que eram as estalagens do século XVII. Pintada de branco, com janelas azuis, pátio externo de pedras, bodega e refeitório. Para o pátio davam os quartos de dormir, agora desativados. Nele estão também o poço e o cocho feito de pedra, para alimentar os animais. No andar superior, o vendeiro guardava seus cereais, legumes e pequenos odres de vinho. Ali dormiam viajantes quando o andar inferior estava ocupado.

A área está praticamente tomada por um grande restaurante. No subsolo são armazenados enormes tonéis de vinho. A cozinha serve pratos manchegos, com sabores fortes. Destaque para as carnes de caça, como a perdiz, e para os caldos apimentados, como a sopa de alho, que vem fumegando numa caçarola de barro.

A gastronomia é um capítulo à parte na obra de Cervantes e merece atenção daqueles que se propõem a refazer a rota de Dom Quixote. Ao longo dos 52 capítulos da primeira parte do livro e dos 74 da segunda, é como se o leitor se sentasse à mesa com o povo espanhol para apreciar o bom vinho e uma culinária baseada nos ingredientes típicos mediterrâneos, como o azeite, os cereais e o famoso *jamón*, o presunto cru espanhol.

Logo no início, Cervantes descreve a modesta alimentação a que se submete seu decadente fidalgo: "*Cozidos, em que havia mais de vaca que de carneiro; guisados na maioria das noites, duelos e quebrantos* (que são uma fritada de ovos com torresmo) *aos sábados, lentilhas às sextas, uma pombinha a mais nos domingos...*"

Pela maneira como se nutre nosso personagem, já é possível chegar a algumas conclusões sobre seus costumes, sua condição social e sua religiosidade. Os guisados noturnos, por exemplo, nada mais eram do que uma preparação feita à base de cebola, alho, pimenta, vinagre e as sobras do almoço, numa mistura também conhecida na Espanha por "roupa-velha", um mexido dos fidalgos empobrecidos. Outra pista que o autor fornece reflete a condição cristã de Quixote que, por determinação da Igreja, não comia carne nas sextas-feiras, e sim lentilhas.

Mas é com a ajuda do fiel e guloso escudeiro de Quixote, o gorducho Sancho Pança, que ficamos conhecendo a maior parte das iguarias manchegas, elaboradas por uma cozinha baseada na agricultura regional e nas tradições pastoris. Essa culinária teve também influência marcante dos monges e frades, já que a região, durante a Idade Média, abrigou muitos conventos que tinham entre os religiosos excelentes cozinheiros.

Um desses preparos celebrados pelo escudeiro é o *gazpacho*, uma sopa com pedacinhos de pão, temperada fortemente com vinagre, alho, cebola, tomate e, principalmente, azeite. No capítulo LIII, da segunda parte, Sancho, fatigado pelas atribuições momentâneas de governador, afirma: *"Melhor me fica na mão uma foice que um cetro de governador. Antes quero far-*

*tar-me de* gazpacho *que ficar sujeito à mesquinhez de um médico impertinente que me mate de fome.*"

Outro prato típico manchego, citado em *Dom Quixote*, é a *sopa de la venta*, que é feita em uma panela grande, que fica sobre o fogo brando de quatro a cinco horas, com pedaços de *jamón*, carne de terneiro e diversas verduras. Tem a consistência de um cozido. Entre os assados, o prato tradicional do lugar é o *cordero a la manchega*. A receita leva pimentão e tomates, em forno muito quente, regados com uma generosa porção de azeite.

Menção especial merece o *pisto manchego*, cuja alquimia é simples: dois tomates picados em fatias largas e dois pimentões em pedaços bem pequenos, sem pele e sem semente. Para refogar, três colheres de sopa de um bom azeite. O pimentão vem primeiro. Quando o aroma recende o refogado, acrescenta-se o tomate. Da fritura surge um caldo, que recebe sal a gosto.

Praticada à perfeição na Venta Del Quijote, outra receita especial resulta nos melhores *chorizos caseros* de toda a Mancha. São as lingüiças feitas do mais puro lombo de porco, misturadas com ervas aromáticas e pimenta, embutidas em tripa natural. Podem ser servidas fritas, cozidas ou na *parrilla*. Funcionam muito bem com o forte vinho da casa.

Viajar pela rota de Quixote é compartilhar, invariavelmente, uma mesa de pinho, forrada com uma toalha quadriculada em vermelho e branco. Nela, há sempre um pedaço de pão, um copo de vinho, uma porção de *jamón* serrano, um prato fumegante e muito tempo para saborear conversas.

Pode ser até uma mesa pobre, em que se sai "*ao encalço da sopa*", como diz Dom Quixote ao descrever a disputa dos estudantes menos abastados por uma tigela de caldo. Ou uma mesa rica, semelhante à das bodas de Camacho, citadas na segunda parte do livro, que tanto encantaram o fiel escudeiro: "*Contou Sancho mais de sessenta odres (...) e todos cheios, segundo se viu depois, de generosos vinhos (...) Havia rumas de pão alvíssimos (...) Os queijos, postos como ladrilhos empilhados (...) e duas caldeiras de azeite, maiores que tinas de roupa, serviam para frigir massas (...) No dilatado ventre da novilha estavam doze tenros leitõezinhos que, cozidos por cima, serviam para dar-lhe sabor e amaciá-la. Os diversos gêneros de especiarias pareciam não ter sido comprados às li-*

*bras, mas sim às arrobas, estando todos expostos e franqueados numa grande arca. Em suma, o aparato das bodas era rústico, mas tão abundante que podia saciar um exército."*

O cardápio da Venta Del Quijote ainda mantém o guiso de *las bodas* de Camacho, numa referência a essa passagem do livro. Consiste numa galinha cortada em pequenos pedaços, frita em azeite até ficar dourada. Depois, uma camada de cebola muito bem picada, farinha de trigo e um pouco de vinho tinto cobrem a ave. Ao molho são adicionados amêndoas, pão frito, açafrão, pimenta e noz-moscada. Os ingredientes permanecem em fogo lento, por três horas.

O cozinheiro Alfonso Navarro, que trabalha há 38 anos no local – embora não pareça ter mais de 50 anos de idade, sem um fio de cabelo branco –, conta, com orgulho, ser esta a única *venta* da cidade, da época em que Cervantes escreveu *Quixote*. Ela permanece intacta. "Não sabemos se foi exatamente nossa *venta* que inspirou o escritor, mas como só restou essa, ficou sendo a Venta Del Quijote."

Peço a Navarro que indique os moradores mais velhos da cidade, que possam conhecer bem a história de Porto Lápice. Ele me conduz à praça principal, chamada *Plaza de la Constitución,* com arcos e galerias de madeira e construções em seu entorno. Ali, dentro de um bar, conheço Ramon Buitrago, 70 anos, um gorducho e simpático juiz de paz. Buitrago, bom papo e anfitrião, leva-me a Antonio Pavón Mateos, 86 anos, poeta e grande conhecedor da obra de Cervantes, que tem fama de ser dono de excelente memória, ágil com datas e nomes.

Depois das apresentações, seguimos os três, Buitrago, Mateos e eu, novamente para a Venta Del Quijote. Mateos está com dificuldade de andar, em decorrência de um problema nas pernas, mas mesmo assim nos acompanha, com a ajuda de um andador. Enquanto tomamos o vinho da casa servido com nacos de queijo manchego — o orgulho local, feito do mais puro leite de ovelhas —, eles revivem histórias de Porto Lápice: "Essa cidade tem uma localização privilegiada, no meio de estradas que ligam norte e sul da Espanha, por isso cavaleiros como Dom Quixote se hospedavam aqui em suas viagens", afirma Buitrago, com a convicção de quem tem como certa a existência real do personagem de Cervantes.

Quando fala da paixão dos leitores do mundo todo pelo cavaleiro andante, ele esboça um sorriso envaidecido em seu rosto rotundo e avermelhado. Muitos habitantes da Mancha acreditam que de fato Quixote existiu. Ou fingem acreditar, para dar mais notoriedade à região, cenário das lutas travadas pelo aventureiro.

Mateos, mais realista, crê que pelo menos Cervantes tenha se hospedado ali, mas diz que não há registros precisos sobre a história da cidade: "As tropas napoleônicas destruíram nosso povoado e não restaram documentos. Queimaram tudo."

Ele se refere à política de expansão francesa sobre toda a Europa, capitaneada por Napoleão Bonaparte no século XIX. Nesse processo de usurpações territoriais, entre os anos de 1807 e 1809, a Espanha foi tomada pelos exércitos napoleônicos. Depois, numa grande rebelião que serviu de exemplo para os outros povos europeus, os espanhóis reconquistaram, na marra, seu território.

Como Porto Lápice é uma passagem natural na rota Madri-Andaluzia, tornou-se alvo estratégico durante a ocupação francesa e teve muitas de suas edificações destruídas por canhões. Entre esses edifícios estava a igreja, que anos mais tarde foi reedificada. A versão que Mateos e Buitrago relembram dá ênfase aos moradores do local. Apesar da desigualdade de forças, eles teriam reagido bravamente aos ataques, muitos deles pagando com a própria vida.

"Tudo foi incendiado, por isso conhecemos nossa história só pelo relato de escritores que passaram por aqui", afirma Mateos. Entre os escritores, ele cita o francês Teófilo Gautier, que – muito provavelmente influenciado pela obra de Cervantes – visitou a cidade em 1840 e registrou em seu livro *Viaje por España* o seguinte relato: *"Porto Lápice consiste em algumas edificações meio em ruínas... É o cúmulo da aridez e da desolação. Tudo tem uma cor de cortiça... Parece que passou por ali o fogo do céu: uma poeira cinza, fina como argila moída..."*

Num passado bem mais remoto, a vila teria sido habitada pelos antigos romanos e, até meados do século XIX, ainda restavam ruínas para comprovar esse domínio. "Pelo vilarejo passava o caminho romano que unia importantes cidades daquela época, como Amensarca, Alava, Bastia e Consabrum. Contam até que aqui existiu um castelo onde teria se hospedado o imperador Trajano, mas não há nada que ateste isso", lamenta Mateos, com endosso de Buitrago.

Porto Lápice, na atualidade, guarda a feição de uma aldeia rural, com a economia local baseada na criação de gado e no cultivo de vinhedos. Na maioria das pequenas propriedades o plantio e a ordenha são para subsistência. Os nativos costumam colocar cadeiras nas calçadas para ver o entardecer e não têm maiores ambições financeiras.

Neste final de tarde, Buitrago e Mateos me convidam para ver o pôr-do-sol, "*el puente más largo que existe em el mundo entero*". A frase faz parte do poema "A Mi Tierra Natal: La Mancha", de autoria do próprio Mateos. O espetáculo se dá atrás de um conjunto de colinas – a Serra Calderina – que impera, soberbo, na imensa planície. Tudo se enche de uma cor dourada, levemente escura, próxima do mate. O que pensava Dom Quixote quando vagava por essas paragens em seu Rocinante? De que maneira esse cenário influenciou suas idéias? Por onde quer que se ande, na Mancha, ficção e realidade estão misturadas de maneira visceral.

## *Pelas matas de Serra Morena*

Depois de pernoitar numa pousada próxima a Porto Lápice, sigo na manhã seguinte até Cidade Real, a sede da província, erguida numa área onde no passado ocorreram muitas erupções vulcânicas. Os vestígios estão por toda parte e podem ser observados até hoje. São crateras e fendas abertas na terra pelas lavas.

No caminho, avisto ao longe a famosa Serra Morena – transformada em Parque Natural –, que é a cordilheira que separa Castilla La Mancha da Andaluzia. As únicas zonas montanhosas da Mancha são as que servem de fronteira, delimitando a região.

Com picos que chegam a 1.200 metros do nível do mar, a serra surpreende em meio à imensa planície, e seu aspecto é intimidador. Quaisquer das entradas que conduzem à serra transportam os viajantes a um mundo misterioso, recheado de penhascos e gargantas. As paragens planas e tranqüilas e os rincões mais escarpados se alternam na Serra Morena, localidade de grande valor ambiental da Mancha.

As serras de Alcudia, Madrona, da Água e de San Andrés, na altura da cidade de Almadén, formam o conjunto de montanhas da grande Serra Morena. Vivem nela algumas das espécies ameaçadas do ecossistema espanhol. Os bosques impenetráveis servem de esconderijo para cervos, javalis e águias imperiais.

Outras espécies encontram seu hábitat nas partes mais altas, onde o bosque dá lugar a uma vegetação desnuda: esse é o paraíso das cabras montanhesas, da águia real e dos abutres. Eles buscam alimento por toda a mata e ali se refugiam à noite. Na serra, há também paisagens de beleza exótica, lugares de vegetação agreste, como nos arredores da garganta da foz do Rio Frio.

O Jándula, mais um rio que percorre a Serra Morena, se espreme entre profundas paredes rochosas, nas imediações da localidade de El Hoyo. A umidade que se desprende dessas águas proporciona, nas primeiras horas dos dias de outono e inverno, brumas que os raios de sol se encarregam de dissipar.

A existência das poucas e rústicas construções rurais, das pequenas casas de lavradores e depósitos de lenha, revela a presença do homem. Mas é possível contar nos dedos das mãos os esparsos povoados incrustados na Serra Morena.

As montanhas têm acolhido os homens desde os tempos pré-históricos. Desse período, há significativas pinturas rupestres encravadas nas pedras, hoje consideradas Patrimônio Nacional. Os abrigos naturais, onde viviam e se protegiam os povos pré-históricos, são grutas rochosas que guardam um acervo artístico de pinturas rupestres do tipo esquemático. Para conservação delas, a área arqueológica está protegida por lei.

Praticamente todos os municípios serranos nesse ponto da Mancha possuem covas com pinturas. Algumas delas estão preservadas nos limites da cidade de Fuencaliente, famosa por suas abundantes águas termais, que servem para banhos e para ser bebidas. Nessa região, também são mantidas as jazidas pré-históricas de *Peña Escrita* e a *Cueva de la Batamer*, de fácil acesso.

Com cores ocre e vermelho, o homem do Período Neolítico imprimiu rastros de sua existência em desenhos de figuras humanas e signos que representam cenas cotidianas de danças, figuras de animais e plantas, além de outros símbolos indecifráveis.

Serra Morena é um dos pontos de referência na história de Dom Quixote. Foi nos seus misteriosos espaços e recortes que ele e seu fiel escudeiro, Sancho Pança, se embrenharam para despistar a Santa Irmandade, que certamente seguiria em seu encalço depois deles terem ajudado um bando de presos a fugir da prisão. Essa temida instituição tinha a função de reforçar a autoridade real e, por meio de seus agentes corregedores, perseguia implacavelmente aqueles que afrontassem a Coroa.

O cavaleiro andante escolheu a calmaria da serra para travar um longo diálogo consigo mesmo, enquanto Sancho, a seu pedido, viajava para entregar uma carta a Dulcinéia. Ela era uma camponesa que vivia na vizinha cidade de El Toboso e que Quixote escolheu como sua amada e musa inspiradora das suas aventuras. Afinal, em todo romance de cavalaria havia uma dama a quem o herói dedicava seus feitos. Cervantes narra o momento solitário do cavaleiro, numa das passagens mais belas do livro: *"Ao se ver sozinho, Dom Quixote subiu ao topo de um penhasco e ali se pôs a meditar; perguntou a si mesmo se seria melhor imitar o cavaleiro Roldão, também chamado Orlando, em suas loucuras, ou Amadis de Gaula, que nunca perdeu o juízo e nem por isso deixou de se tornar famoso e admirado. Concluiu que devia tornar-se um ermitão e então rasgou a camisa em tiras, deu onze nós numa delas para servir-lhe de rosário, e assim rezou um milhão de ave-marias. O resto do tempo, ocupava-se escrevendo e gravando, no tronco das árvores e na areia, muitos versos em louvor da sua amada Dulcinéia."*

Com essa cena na cabeça, chego a Cidade Real. É hora de arranjar um lugar para jantar e, nesse instante, meus pensamentos abandonam rapidamente Dom Quixote e se aproximam de seu guloso escudeiro, Sancho Pança. Comida e bebida combinam mais com essa gorducha figura, e logo recordo um diálogo da segunda parte do livro. Nele, o servo de Dom Quixote, encantado com a qualidade da bebida que está experimentando, pergunta a seu interlocutor: *"Mas diga-me, senhor, por tudo quanto é sagrado: este vinho é de Cidade Real?"*

A lembrança do episódio é a deixa para terminar a noite no Farruco, o inesquecível restaurante de Cidade Real. Encontro boa prosa, embalado num magnífico vinho artesanal – forte, aromático e nada ácido –, que vem completar uma *caldereta de cordero*, preparada com azeite, cebola, alho, pimentão e muitas batatas. Sou o último a deixar a casa.

Antes de dormir, caminho pelo centro da cidade, fundada em 1255 pelo rei Alfonso X, para equilibrar o imenso poderio das ordens militares de Calatrava, San Juan e Santiago. A praça está deserta e, a exemplo das outras praças da Mancha, não há sequer uma fonte, em decorrência da escassez de água.

No passado, aos sábados, funcionava nesse local o chamado "mercado franco", que atraía grande número de forasteiros, que vinham de diferentes pontos da comarca. Compravam de tudo, no único dia da semana em que não tinham de pagar impostos sobre os produtos comercializados.

Cidade Real ganhou maior relevância nos últimos séculos, graças a sua localização às margens da ferrovia Madri-Sevilha. A facilidade de acesso contribuiu, de maneira preponderante, para a instalação do *campus* da Universidade de Castilla-La Mancha. A vida acadêmica rendeu *status* e dinheiro para a região. Bibliotecas, teatros e centros de estudos foram construídos e contribuem com um ar de modernidade para essa cidade.

Muito antes disso, a localidade amargou períodos de intensas crises. Inicialmente foram as dramáticas guerras com a vizinha Miguelturra, onde estava estabelecida uma base da Ordem de Calatrava. Mais tarde, durante o reinado de Felipe III, o município teve grande queda demográfica e não tinha mais de 800 moradores. Isso porque grande parte da população era de origem mourisca e, no processo de expulsão dos árabes pelos cristãos, a localidade se viu numa extraordinária decadência. Nesse período, a capital da província foi transferida provisoriamente para Almagro, que já era sede militar da Ordem de Calatrava.

No século XIX, durante o processo de invasão francesa, Cidade Real enfrentou novos dias de terror, quando se confrontaram, durante o inverno de 1809, milhares de infantes do Exército da Mancha e as poderosas forças inimigas que partiram de Paris. A hostilidade dos franceses provocou terríveis estragos na cidade.

Os soldados de Napoleão, munidos de canhões, não pouparam nem o prédio que abrigava um hospício. No dia 27 de março daquele ano, as tropas adversárias da Espanha converteram a casa dos loucos em quartel-general para os exércitos beligerantes. Por sua situação geográfica, na saída da cidade, tornou-se um ponto fortificado dos franceses, que de lá passaram a bombardear tudo que enxergavam. Um século à frente, durante a guerra civil, o hospício foi novamente invadido e ocupado, desta vez pelos canhões dos nacionalistas. Os habitantes reviveram o desespero de ser novamente bombardeados e ter suas casas destruídas.

Os monumentos que restam em Cidade Real, entretanto, remetem à fase de pujança. Antes de sair da cidade, no dia seguinte, visito a igreja de Santiago, a mais antiga do lugar, do final do século XIII. Nos murais pintados na abóbada reina um dragão apocalíptico de sete cabeças.

A estrutura interna da igreja é sustentada por enormes colunas de pedra e, ao fundo, há uma enorme torre, também de pedra. Junto da porta, de madeira trabalhada, duas pedintes vestidas de negro, rostos castigados pelo sol ardente da Mancha, permanecem sentadas. Os que passam por elas dificilmente derramam moedas nas latas que trazem no colo.

## *Miguelturra e Almagro, o palco das rivalidades*

Dois quilômetros adiante, entro em Miguelturra, pequeno lugarejo citado por Sancho Pança na segunda parte do livro, como uma localidade "*que não fica muito longe de minha aldeia*". Essa vila viu com maus olhos a fundação da vizinha Cidade Real, no coração do território da Ordem de Calatrava. Desde então, uma história de lutas, sangue e ódio permeou a rotina das duas cidades. Miguelturra chegou a ser incendiada pelas tropas inimigas e depois reconstruída, a mando dos mestres da poderosa ordem.

Andando pelas estreitas ruas cobertas de paralelepípedo, com singelas casas de paredes alvíssimas, protegidas por grades de ferro, ouço dos moradores um caso tão poético e dramático quanto o amor de Romeu e Julieta. Há anos a paixão de dois jovens embala as fantasias e as rivalidades locais, da mesma forma que o casal de Shakespeare tornou célebre a cidade de Verona, na Itália. Conta a lenda popular que Cidade Real e Miguelturra, em meados do século XIX, eram chefiadas por duas famílias inimigas. Na primeira, o patriarca era Raimundo Núñez. Em Miguelturra, Alvar Gómez de Piedrabuena.

Como acontece sempre nos grandes romances, o primogênito de Alvar Gómez, Sancho, se apaixona pela pessoa errada, Blanca, justamente a filha de Raimundo Núñez. Quando os dois, contra tudo e contra todos, se casavam às escondidas, numa cerimônia secreta conduzida por padre Ambrósio, o compreensivo vigário de Miguelturra, o pai de Blanca aparece para pôr fim à festa: saca a espada e avança contra Sancho.

Blanca coloca-se na frente do noivo e a espada perfura seu coração. Sancho, vendo-se viúvo em cinco minutos de casado, tenta revidar agredindo o sogro. É atingido pela mesma espada e cai sem vida ao lado do corpo esguio de Blanca. Quando o sangue secou, foi erguida no chão da tragédia a Cruz de los Casados. O palco do drama virou ponto turístico e simboliza uma rivalidade secular entre as duas cidades, sentimento que nasceu na época em que as poderosas e inimigas ordens militares dominavam os dias e as noites daquela gente.

Em Miguelturra vale conhecer uma igreja singular: Del Cristo de la Misericórdia. Obra de um discípulo de Ventura Rodriguez, ela é dedicada a Nossa Senhora de Assunção. Como tantas outras da Ordem de Calatrava, ela carrega traços renascentistas e barrocos, porém exibe uma fachada de pedra, arredondada, que a difere de todas as demais.

Mas é em Almagro, alguns quilômetros à frente, seguindo pela rodovia CM-412, que está a obra que mais surpreende em toda a Mancha: o Corral de Comédias, declarado Monumento Nacional. Único que resta em seu gênero em toda a Europa, conserva a estrutura original dos teatros do século XVII, época em que se desenrolam as façanhas de Dom Quixote.

O espaço teatral começou a ser utilizado ainda no final do século XVI, quando as representações passaram a se realizar em praças públicas, depois que o Concílio de Trento proibiu encenações dentro das igrejas. A forma arquitetônica surgiu numa adaptação natural da praça para a finalidade cênica. Por isso, seu estilo imita o da *plaza mayor* da cidade, com seu pé-direito alto.

O Corral de Comédias de Almagro é uma típica construção do chamado Século do Ouro. Nesse período, a Espanha viveu seu apogeu como uma força preponderante na Europa, em decorrência das riquezas geradas em suas colônias, sobretudo o ouro e a prata vindos da América.

Formado por um saguão de entrada com piso de pedra, o teatro tem, ao centro, um pátio retangular, descoberto, onde os cômicos ambulantes faziam o delírio da platéia com suas representações. Ao redor, ficam dois pavimentos de galerias avarandadas, de madeira, pintadas de vermelho e branco, onde o público se acomodava.

O nome "*corral*" vem do fato de o local ter servido também para recepcionar viajantes, que ali guardavam seus animais. Quando não havia espetáculos em cartaz, hóspedes de poucos recursos dormiam, comiam e brigavam nessa arena, entre cavalos, arreios e odres de vinho.

Os conventos são outros notáveis conjuntos arquitetônicos de Almagro. Foram construídos no tempo em que a cidade era sede da poderosa Ordem de Calatrava e ostentava, em conseqüência disso, opulência e fartura de ouro em seus edifícios. Essa localidade, desbravada pelos frades dominicanos, tornou-se capital da província entre os anos de 1750 e 1761. Nesta época, teve domínio sobre 74 vilas menores e movimento de uma grande cidade, freqüentada até pela realeza.

De Almagro marcharam muitas expedições para conquistar terreno na luta contra os mouros. Houve épocas em que a localidade reuniu mais de 7 mil cavaleiros e seus vassalos para garantir o poder regional. Decisões estratégicas nas guerras de reconquista foram tomadas em seus salões, disputados pela mais alta nobreza espanhola.

Golpe duro para essa cidade foi a incorporação da Ordem de Calatrava pela Coroa, que levou embora junto com a instituição a riqueza e o poder. Almagro havia florescido com a ordem. Dela herdou os suntuosos palácios e a prosperidade econômica que lhe garantiu liderança regional. Era o cérebro da Mancha. Com a perda de poder, sobraram apenas tristes e desoladas ruínas de um passado de glória.

Com o tempo, grande parte das edificações ganhou restauro ou reconstrução. Principalmente os prédios ligados à Igreja Católica, que, com exceção do período de gestão árabe, sempre teve um lugar proeminente na sociedade espanhola e na vida cotidiana de Almagro. Os moradores eram capazes de ceder horas de sua rotina para trabalhar na recuperação dos templos e conventos.

Na época de Quixote, os padres e sacerdotes figuravam no alto da pirâmide social, no mesmo nível da monarquia e da nobreza. Abaixo deles vinham, respectivamente, os fidalgos – que eram isentos de pagar impostos –, os grandes comerciantes, os altos funcionários públicos, os artesãos, os lavradores, os marginalizados e os mouriscos escravizados.

Vem daí o fausto das igrejas e mosteiros de toda a Espanha e especialmente da Mancha. Em Almagro, o Convento de Calatrava chama a atenção. Sobretudo pela imponência da capela e seu claustro, as galerias internas. Ali, as antigas monjas iniciaram a tradição de fazer requintados bordados e adornos para vestidos, mantilhas e trajes religiosos. Mais tarde, a atividade se profissionalizou. Como a mão-de-obra era farta, as oficinas ganharam o porte de indústria, movimentando a economia regional.

O outro edifício religioso do qual se orgulha o povo da cidade é o Convento de Santa Catalina, transformado no Parador de Turismo de Almagro. Construído pelos padres franciscanos, o prédio foi todo restaurado para tornar-se um hotel luxuoso e cheio de charme. Em seu interior, ao longo de seus 14 pátios, bodegas e majestosos salões, respira-se a tranqüilidade própria dos mosteiros e sua cozinha faz recordar a melhor tradição culinária dos antigos abades. Uma vez por ano, em datas alternadas, o hotel promove as badaladas jornadas gastronômicas "La Cocina Del Convento". Nesse evento, turistas de todas as partes do mundo saboreiam receitas seculares à base de berinjelas (uma tradição da cidade), carnes de caça e doces feitos com ovos, entre outros manjares.

A culinária, a arquitetura e as histórias de Almagro conduzem o viajante para dentro da obra de Cervantes. Numa conversa durante o jantar no Parador de Turismo, o garçom conta que o autor de Quixote teria realmente presenciado, nas imediações dessa cidade, a cena que depois aproveitou no capítulo XXII do livro, que fala dos prisioneiros condenados a remar à força nas galeras, os "galeotes". O acontecimento real teria inspirado o autor a criar a tragicômica passagem em que o Cavaleiro da Triste Figura recebe pedradas dos ingratos prisioneiros, que ele acabara de libertar.

Cervantes encaixou sua história no contexto social pelo qual passava a Espanha. Uma época de crise econômica, desemprego e marginalidade crescente. Nesse período, era comum encontrar nas estradas condenados seguindo para as prisões. Em casos mais extremos, o poder público deixava os corpos de executados expostos, para servir de exemplo e para tentar conter a ação dos perigosos bandos de criminosos.

Na cena de Quixote, consumada a emboscada dos cruéis prisioneiros contra seus ingênuos libertadores, o estado patético em que se viram o cavaleiro e seu fiel escudeiro é de fazer rir e chorar até mesmo o mais insensível leitor dos romances de cavalaria: *"Ficaram só o jumento, Rocinante, Sancho e Dom Quixote; o jumento, cabisbaixo e pensativo, sacudindo as orelhas de quando em quando, pensando que ainda não cessara a borrasca de pedras que lhe perseguia os ouvidos; Rocinante, estendido junto ao amo, pois também o derrubara uma pedrada; Sancho, em camisa e com medo da Santa Irmandade; Dom Quixote, desgostoso por se ver tão maltratado pelos mesmos a quem tamanho bem fizera."*

A desventura do cavaleiro andante me acompanha durante o jantar. Depois de cometer o pecado da gula, induzido pelos próprios abades, passeio pelas calmas ruas de Almagro, onde estão restauradas algumas casas senhoriais, em estilo barroco. Na saída da cidade, vejo a Plaza de Toros, construída em 1845, para abrigar as touradas que até então eram realizadas na praça, para angariar fundos em causas sociais, como por exemplo a reconstrução da igreja.

O espetáculo que está programado para a tarde do próximo domingo – "touros de Luis Algarra, enfrentados pelas revelações Sánchez Vara, Eugênio de Mora e Abrahan Barragón" – ocasiona uma fila quilométrica de pessoas de toda a região, que se acotovelam em busca de ingressos nesta noite fria. De origem moura, a "*corrida de toros*" tornou-se popular na

Espanha a partir do século XVIII e tem sido desde então praticada em quase todo o país.

O ritual da tourada se desenvolve em três fases: primeiro, os *picadores*, cavaleiros armados de lanças, cravam esses instrumentos no pescoço do animal. Na segunda fase, os *bandarilheiros* enfurecem o touro cravando-lhe as *bandarilhas*, farpas afiadas.

Finalmente, o toureiro completa uma seqüência de passos audaciosos, matando o animal com uma só estocada no pescoço. O público, eufórico, explode em alegria. A solenidade de enfrentamento do touro pelo homem tornou-se uma das principais manifestações culturais do povo espanhol.

## *Campo de Montiel, Ruidera e Manzanares*

Na manhã seguinte sigo para Ruidera, uma cidade rodeada de lagoas. Elas são tantas e tão belas que não poderiam passar despercebidas em *Dom Quixote*. Nas palavras do fidalgo, as lagoas são "*famosas em toda a Mancha, bem como em toda a Espanha*". O caminho é igualmente desértico, árido, pedregoso e plano.

Cerca de 80% de todo o território da Mancha encontra-se a menos de mil metros do nível do mar. Na imensidão da planura, surgem de vez em quando videiras podadas e pequenas casas feitas de pedra, utilizadas pelos lavradores para se livrar do causticante sol, durante a jornada de trabalho: um costume típico manchego.

Atravesso o famoso Campo de Montiel, para onde Dom Quixote se dirige em sua primeira saída, assim que decide se tornar cavaleiro andante. É uma região uniforme e monótona, que tem origem na Era Mesozóica, quando só os dinossauros habitavam o lugar.

Com 7.740 quilômetros quadrados, o chamado Campo de Montiel inclui os municípios de La Solana, Villanueva de los Infantes, Villahermosa, El Bonillo, Munera, Villanueva de la Fuente, Torre de Juan Abad, Villamanrique, Alhambra, Cózar, Osa de Montiel, Albaladejo, Carrizosa, Montiel, El Robledo, Alcubillas, Viveros, Terrinches, Puebla del Príncipe, El Ballestero, Almedina, Povedilla, Fuenllana, Santa Cruz de los Cáñamos e Ruidera. Todos eles pertenceram, no passado, à Ordem de Santiago.

Muito antes de Quixote, Campo de Montiel tinha destaque garantido na história da Espanha e do mundo: foi aqui que se deram sangrentas batalhas que culminaram na supremacia de Roma sobre Cartago, em 146 a.C., mudando o destino de todo o mundo ocidental. Cartago foi um império marítimo que se desenvolveu no território onde hoje está a Tunísia.

Fundada pelos fenícios, essa civilização tomou conta do comércio nas costas do Mediterrâneo ocidental, redistribuindo no mundo antigo os produtos da Espanha e da África, como ouro, prata, estanho e marfim. A liderança que gerou progresso despertou a atenção de Roma, que deflagrou a primeira de uma série de três guerras com embates, sobretudo, no interior da Espanha.

Exatamente pela notoriedade histórica da região, Cervantes, nos primeiros capítulos do livro, menciona esses sítios: "*Dom Quixote de la Mancha, desprezando as confortáveis plumas, montou seu famoso Rocinante e pôs-se a caminhar pelo antigo e conhecido Campo de Montiel.*"

A paisagem, como em quase toda a região, é áspera, cinzenta, variando por vezes de um tom opaco para o violeta, quando se passa nos campos de açafrão. Parece milagre que essa belíssima planta lilás, que produz a especiaria mais cara do mundo, prospere em solo tão argiloso e arenoso. Mas o fato é que a Mancha é a maior produtora mundial do sofisticado pó amarelado, trazido para a Península Ibérica pelos árabes.

Os mouros usavam o açafrão na cozinha, como tempero, e ainda na medicina, graças às suas propriedades anestésicas e antiespasmódicas. Mas as primeiras referências históricas que se têm da especiaria revelam que ela é tão rudimentar quanto a escrita. Pesquisadores chineses encontraram menção ao açafrão em documentos de 2600 a.C., nos quais o produto é tido como potente fortificante e estimulante sexual. Um outro texto, de 1500 a.C., refere-se ao cultivo dessa planta no Egito antigo.

Na Mancha, é comum ouvir uma infinidade de lendas sobre o açafrão. Dizem, por exemplo, que Cleópatra utilizava a essência da planta para seduzir os homens. Outra tradição tem como personagem Henrique VIII, que de tanto apreciar a especiaria mandava para a forca quem fosse apanhado falsificando o produto. A falsificação, aliás, é prática comum até os dias de hoje, em conseqüência dos altos preços alcançados pelo pó amarelo. Ele é elaborado, artesanalmente, com um rendimento baixíssimo: para se obter um quilo de açafrão são necessárias mais de 100 mil flores da açafroeira, ou açaflor, como é chamada.

A Mancha, embora seja a maior produtora dessa planta herbácea, tem poucos milhares de hectares cultivados. Por isso, não se pode dizer que o açafrão tenha mudado a feição do lugar ou trazido muitas riquezas. Percorro esses verdadeiros "*lagos de flores*" — foi assim que o escritor francês Alexandre Dumas descreveu Montiel, em 1846 — e noto como a natureza é estranha nessa região: é desprovida de recursos naturais ao mesmo tempo que é capaz de gerar o chamado "ouro em pó".

Dirijo mais alguns quilômetros por uma estrada de terra e chego à Cova de Montesinos, cenário de mais aventuras de Quixote. Cervantes conta que o cavaleiro tinha grande desejo de conhecê-la: "*entrar em seu interior e contemplar com os próprios olhos se eram ou não verdadeiras as maravilhas que dela se diziam por todas aquelas redondezas*".

O fidalgo pede, então, que lhe arrumem um guia e se dirige a Ruidera. Depois de andar duas léguas a partir da pequena aldeia, ele, Sancho e o guia chegam à cova, coberta por espinheiros e mato. Ao tentar limpar a boca do buraco, com sua espada, Dom Quixote é recebido por uma infinidade de corvos e morcegos, mas nem assim desiste da empreitada: amarrado em cordas, desce ao fundo da caverna e de lá quase não volta.

Meia hora foi o tempo suficiente para que o Cavaleiro da Triste Figura vivesse dentro da Cova de Montesinos uma experiência surpreendente. Quando retorna, inconsciente, puxado pelo escudeiro e pelo guia, está com os olhos cerrados. Depois de acordado pelos companheiros, Quixote revela que lá embaixo havia um maravilhoso palácio de cristal e que seu dono, Montesinos, em carne e osso, havia lhe narrado histórias jamais ouvidas e contadas. Entre elas, a do cavaleiro enamorado Durandarte e a do feiticeiro francês Merlim. Durandarte estava morto. Montesinos contou a Dom Quixote que havia retirado, com um punhal, o coração do defunto e a pedido dele o entregaria como prova de amor a uma mulher chamada Belerma. O episódio encantou Sancho e o guia, que ouviram em absoluto silêncio.

É emocionante ver ao vivo o cenário onde se passa uma história de tamanha imaginação. O acesso à cova hoje está limpo, ao contrário da época de Quixote. Virou ponto turístico, onde as pessoas escrevem seus nomes nas paredes, como recordação. As salas inferiores da caverna são enormes, medem doze por seis metros e são capazes de abrigar uma carroça grande, puxada por mulas, como relatou o fidalgo a seu amigo e escudeiro Sancho Pança.

A secura do ambiente provoca sede. Perdizes e coelhos do mato correm, sem se intimidar com os visitantes, em busca de água. São presas fáceis de caçadores. Não é à toa que os três personagens de Cervantes saíram desse lugar loucos para encontrar algum canto onde pudessem beber algum líquido. Deixo a cova e também não encontro onde possa tomar um simples copo d'água. Para se ter idéia da secura do ambiente, nessas bandas os camponeses são obrigados a cavar poços até o lençol freático, onde os calcários formam reservatórios naturais de água.

Transito por uma estrada sinuosa. O panorama se transforma, repentinamente, num oásis em pleno deserto: surge a primeira lagoa de Ruidera. É apenas uma da série de 17 lagoas de origem tectônica, resultado do processo de deformação terrestre ocasionado pela formação dos continentes. A cor da água, verde-escura, lembra um tapete de esmeraldas refletindo a luz do sol. Nunca vi coisa parecida em toda minha vida.

Nascente do Rio Guadiana, este paraíso ecológico está sujeito às rigorosas normas de proteção ambiental espanholas não só pelo interesse paisagístico como também pela abundante fauna, formada por espécies raras. O pato colorado é uma delas. Em função disso, é o destino preferido de grupos de ornitólogos de diferentes partes do mundo.

O Cavaleiro da Triste Figura, em suas andanças pela Mancha, também se interessou por esse lugar. Vem dessas paragens um dos casos que Quixote escutou na Cova de Montesinos. As míticas lagoas seriam obra do feiticeiro Merlim e assim o fidalgo as descreveu ao escudeiro e ao amigo: "*Ruidera, suas filhas e sobrinhas, as quais, por tanto chorarem, converteu Merlim, por compaixão, em outras tantas lagoas, que agora, no mundo dos vivos e na província da Mancha, são chamadas as lagunas de Ruidera.*"

O povoado de Ruidera se ergueu em torno de uma antiga fábrica de pólvora e deve ter sido muito habitado no passado, pela quantidade de ruínas existentes. É um lugar também de muitas cachoeiras e cascatas. Dizem os habitantes dessa localidade que teria se dado, aqui, também, a famosa cena em que o cavaleiro e Sancho Pança passam uma noite de terror, escutando um barulho atormentador que eles não identificavam e desconheciam de onde vinha.

Os dois haviam caminhado o dia inteiro por dentro de uma floresta e, ao anoitecer, quando estavam sedentos e cansados, resolveram procurar água num riacho. Nesse instante, o forte ruído de uma cascata se somou a outro barulho, que se assemelhava ao de correntes sendo arrastadas. Isso os deixou amedrontados. Enquanto Sancho chorava de pavor, Dom Quixote tentava descobrir quem seriam os inimigos que pareciam estar chegando.

O enigma só foi desvendado quando surgiu a aurora e ambos, estupefatos e envergonhados, perceberam que "os inimigos" não eram nada além de seis monjolos, inofensivos, prosaicos, que funcionavam com a correnteza das águas. Hoje, na área onde teria se dado esse episódio, borrifa uma queda-d'água sem muita potência, em meio a uma vegetação completamente retorcida pela seca.

A lembrança das imagens quixotescas me distrai enquanto sigo para o próximo destino, a cidade de Manzanares. Ali descanso como um rei no Parador de Turismo de Manzanares. Ele tem ares de hotel fazenda, com piscina, campo de futebol e um restaurante, que apresentou, seguramente, a melhor *paella* que já experimentei.

Manzanares fica no entroncamento de importantes estradas que cortam a Espanha ao meio e, no passado, foi rota de boiadeiros e boiadas. Seu crescimento rápido se registrou na Idade Média, pelo valor que lhe concedeu a Ordem de Calatrava, interessada em ter sob seu controle esse ponto estratégico. Na época, cem casas eram construídas por ano, numa velocidade digna das grandes cidades espanholas. A fabricação de tecidos, fonte de emprego e renda na cidade, encontrou seu apogeu no século XV. Quatro séculos mais tarde, Manzanares recebeu luz elétrica – foi a primeira localidade da Mancha a receber o benefício.

Hoje tem uma indústria de embutidos e derivados de porco, produz um queijo de primeira linha e um vinho correto. Tem coisas interessantes para serem vistas, como o Convento das Franciscanas Descalças, em estilo barroco, do século XVII. Lá está a chamada Casa do Santo, que conserva pátio interno típico da época, com seus balcões de madeira.

A cidade se espalha em oito bonitas praças, uma delas, a Mayor, exibe uma construção curva, com janelões e arcos externos – o *Ayuntamiento*, que equivale às nossas prefeituras. Também deve ser incluída no passeio a visita ao castelo de Peñas Borras, antiga fortaleza cercada de muralhas, edificada pelos mestres da Ordem de Calatrava no início do século XIII.

Há ainda na localidade uma imponente igreja, a de Nossa Senhora da Alta Graça, com um altar central de grande valor artístico. Na paróquia, segundo os registros municipais, houve um grande incêndio numa madrugada de 1571. Uma simples vela, esquecida acesa por um fiel, causou a morte de um frade da ordem dos agostinianos e a destruição de bancos, imagens de santos e de parte do telhado, que desabou.

Os habitantes de Manzanares têm fama de esquentados. Durante o período da invasão francesa, no século XIX, promoveram represálias funestas contra o inimigo. Os ânimos estavam tão exaltados, que eles atacaram até os enfermos que se encontravam no hospital militar estabelecido num convento. Mataram um general francês, que, aos berros, recebeu no rosto uma caldeira de água fervendo.

Trágicos também são os episódios, de conteúdo novelesco, que teriam sido vividos por aqui e foram transportados por Cervantes para seu livro. Um deles tem como agente a misteriosa pastora Marcela, "*tão formosa que a formosura lhe excedia a fama*". Nos limites de Manzanares teriam acontecido os sinistros desfechos daqueles que quiseram tomar o coração de Marcela. O pastor Crisóstemos, por exemplo, morreu de tristeza pela paixão não correspondida. Nos mesmos campos onde foi enterrado Crisóstemos, a enigmática pastora viveu seus últimos dias na mais completa solidão. No capítulo XIV do livro, ela própria explica sua opção de vida: "*Nasci livre e, para livre poder viver, escolhi a solidão (...) a fim de que só a terra gozasse o fruto do meu recolhimento e guardasse os despojos da minha formosura.*"

Cervantes não especificou o lugar exato de certas passagens do livro, criando assim uma acirrada disputa entre os manchegos, que querem ser conterrâneos de Quixote e dos personagens que acompanham sua rotina de aventuras. Mas nenhum povoado o faz com tanta veemência como os habitantes do nosso próximo destino: Argamasilla de Alba.

## *A estranha Argamasilla de Alba*

De Manzanares a Argamasilla de Alba o caminho é curto e despovoado. A Mancha é a região de menor densidade populacional de toda a Espanha, com a média de 21 habitantes por quilômetro quadrado. Embora vivam hoje por aqui cerca de 1.800.000 habitantes (de acordo com o censo de 2003), a impressão que se tem muitas vezes é a de estar percorrendo um estado fantasma. Isso porque as pessoas estão concentradas apenas nas maiores cidades da comunidade autônoma.

Em áreas como essas por onde estou passando, o que excede é a terra seca, arenosa, esbranquiçada, completamente desprovida de vegetação. Em meio a esse árido chão, avisto ao longe ovelhas, que se movem lentamente. Aproximo e vejo, no centro do rebanho, um rapaz de olhar triste e cabelos bem curtos, com o rosto avermelhado pelo frio, vestido num macacão azul: Angel Aguirre, 17 anos, pastor de ovelhas desde os 12, quando abandonou a escola para ajudar o pai na lida com os animais.

O jovem pastor conta que estudar não era seu forte, por isso preferiu o trabalho. Mas está arrependido. Gostaria de conhecer lugares, pessoas, mas sua rotina é sempre igual: acorda antes do sol nascer, varre o estábulo, ordenha as ovelhas e as leva para o pasto. No final da tarde, acompanha os animais até o abrigo, repete a mesma operação da manhã e às nove da noite já está dormindo, para recomeçar tudo de novo na manhã seguinte.

Ao contrário do pastor tradicional, que caminha junto dos animais com seu cajado, Aguirre encurta as longas distâncias utilizando o gasto Renault do pai, seguido pelo cachorro Ringo, um velho e peludo pastor-alemão. Pastorear motorizado foi a forma que arranjou para não precisar dormir longe de casa, nas frias noites em que é necessário vigiar as ovelhas no pasto. Isso ocorre nos períodos da chamada "transumância", uma técnica de pastoreio arcaica, mas ainda praticada, de deslocar periodicamente o gado em busca de pastagens frescas. O ronco do carro, o macacão azul e os brincos identificadores atarraxados nas orelhas das ovelhas dão um toque de modernidade à condução desse rebanho.

Quando não havia outro jeito a não ser caminhar ao lado da criação, os pastores das gerações que antecederam Aguirre construíam abrigos para guardar os utensílios, a mula e para dormir durante o período em que trabalhavam nos campos mais distantes. Vários desses abrigos ainda resistem, alguns em ruínas, e constituem uma típica construção manchega.

Quase sempre têm um único pavimento, são feitos de taipa ou com pouca madeira. Na parte interna, reservam um pequeno pátio para o qual se abrem dois cômodos: o dormitório e a cozinha. Nela, um fogão rústico, a lenha, aquecia a sopa nas noites frias. Nos fundos da casa, ficava o curral e sob a construção, normalmente, uma bodega. Na parte superior havia uma espécie de sótão, para guardar ferramentas da lida, *jamones* e outros embutidos caseiros.

Angel Aguirre não precisa dormir numa dessas choupanas. É um pastor motorizado, moderno, que tem acesso ao mundo por meio da televisão. Em contrapartida, ter informações globalizadas piora as coisas para ele. "Gostaria de ir para países que vejo na TV. Aqui o tempo é monótono, nada acontece de novo", afirma.

Sua frase me faz refletir. Como será essa localidade onde todos os dias são absolutamente iguais, onde nada acontece de extraordinário? Deixo Angel Aguirre com suas ovelhas, percorro mais alguns quilômetros e finalmente vejo um rio. É o Guadiana, um dos quatro que cortam a Mancha, dois deles desembocando no Atlântico e dois no Mediterrâneo. Embora toda a região sofra com a falta d'água, a história de Argamasilla de Alba está na contramão: localizada numa baixada, a cidade já sofreu sérias inundações nas cheias do rio.

Mais alguns metros e deparo com uma placa na entrada do município: "*Argamasilla de Alba – El lugar da Mancha*". Com esses dizeres, os moradores pretendem deixar claríssimo que aquele local citado por Cervantes no início de seu livro, onde vivia o fidalgo pobretão, só pode ser Argamasilla.

Ela parece um pouco maior do que as que ficaram para trás. Mas um aspecto desperta minha atenção logo de início: em quase todas as casas, as portas e janelas estão fechadas. Sigo pela rua principal até chegar a uma sombria igreja, cuja construção começou em 1542 e prolongou-se até 1593. Dedicada a São João Batista, seria o mais suntuoso templo da região em seu projeto inicial. Várias descaracterizações ocorreram ao longo do tempo, e aquela que seria a maior jóia da arte cristã transformou-se numa das mais lúgubres catedrais de toda a Mancha.

É segunda-feira e um grupo de senhoras voluntárias promove a limpeza da igreja. Uma delas, Maribel Sánchez, vestida de negro, tão espanhola, tão imaculada, pergunta o que me traz à cidade. Digo que venho por causa de Dom Quixote e ela mostra, então, um quadro pendurado ao lado da sacristia, doação de um antigo fidalgo da região, chamado Dom Rodrigo Pacheco. No quadro, aparece o próprio fidalgo, de bigode e cavanhaque, orando junto a Nossa Senhora. Abaixo, uma placa com o agradecimento pela cura milagrosa de uma enfermidade: "*Apareció Nuestra Señora a este Caballero estando malo de uma enfermedad gravísima, desamparado de médicos, vísperas de San Mateo, año 1600 y encomendándose a esta Señora y prometiéndole una lámpara de plata y llamándola de día y noche con grande dolor que tenía en el cerebro de una frialdad que se le cuajó dentro*".

Maribel Sánchez explica que Dom Rodrigo Pacheco foi um nobre muito extravagante, um tanto perturbado das idéias, que viveu na cidade na virada do século XVI para o XVII e que deve ter servido de inspiração para Cervantes compor seu célebre personagem. As semelhanças físicas entre os dois são inegáveis. A senhora de trajes negros lembra, ainda, que o autor de Dom Quixote esteve preso durante cinco meses em Argamasilla de Alba. Não se sabe ao certo o motivo dessa prisão – não confirmada por muitos dos estudiosos da obra de Cervantes.

O encarceramento teria ocorrido quando o escritor fazia uma das viagens de reconhecimento da Mancha. Diz a lenda que no cárcere, a Cova de Medrano – que ainda existe –, ele teria redigido os primeiros capítulos de *O engenhoso fidalgo Dom Quixote de La Mancha.*

A casa onde está a cova, que pertenceu ao alcaide Medrano, virou museu e tem acesso pela Rua Cervantes. Na entrada, numa placa presa na parede, está uma inscrição que marca o local onde o escritor teria iniciado seu romance: "*Em este tenebroso encierro, em este enigmático cofre de cal y canto, concibió la fecunda mente de Cervantes la idea vastísima, triste e la vez, regocijada siempre, de su Don Quijote. Desde aqui, rompiendo su imaginación portentosa lãs gresas y toscas paredes que lo aprisionaban, se espació por lãs dilatadas llanuras de La Mancha.*"

O buraco onde Cervantes esteve preso, na verdade uma bodega transformada em prisão, tem dois lances abaixo do chão e é parcialmente iluminado apenas por uma fenda na pedra, que deixa entrar um minguado raio de luz solar. Está preservado e é aberto para visitações. A casa, com as paredes rebocadas a cal, sofreu diversas alterações em sua estrutura, depois que um incêndio destruiu várias de suas dependências. Do projeto original permanece o pátio interno que era utilizado como curral. Dali desce a escada para a cova-prisão.

É exatamente nesse local que se encontram, mensalmente, os "Acadêmicos de Argamasilla" – uma instituição cultural que se dedica, há séculos, a manter tradições e enfatizar uma versão que para eles é verdade absoluta: Dom

Quixote foi gerado na Cova de Medrano. O nome "Acadêmicos de Argamasilla" saiu da boca do próprio Cervantes.

No final da primeira parte de *Quixote* – empregando com genialidade a técnica de confundir o leitor com doses de ficção misturadas com aquilo que parece realidade – o escritor diz que recebeu de um médico uma caixa de chumbo, achada entre os alicerces de uma velha ermida em reconstrução. Dentro da caixa estavam alguns pergaminhos, escritos em letras góticas pelos tais acadêmicos, com sonetos e epitáfios sobre a vida e a morte do Cavaleiro da Triste Figura.

O relato fermentou por anos e acabou inspirando a fundação, real, da tal academia citada por Cervantes. Ela está em franca atividade e mantém na sua tradição grandes feitos literários. Em 1862, por exemplo, um impressor de Madri, Dom Manuel Rivadeneira concebeu a idéia de imprimir duas edições de Quixote na mesma casa assinalada como a prisão de Cervantes. Com o projeto encampado pelos "acadêmicos", ele montou sua impressora e realizou na vila um acontecimento de grande ressonância no mundo das letras, com a presença do infante Dom Sebastião, filho mais novo da rainha da Espanha, Isabel II, e muitos literatos ilustres.

Pergunto à simpática moça que está à porta da Casa de Medrano, que tem a função de guia do museu, como faço para conversar com um dos acadêmicos. Ela responde que isso é impossível. "Eles não podem ser localizados. O máximo que o senhor conseguirá é falar com a secretária da entidade." Marco, então, um encontro com a secretária para as cinco da tarde, na própria Casa de Medrano. Mas ainda é meio-dia e tenho a tarde inteira para vagar pelas ruas da misteriosa Argamasilla.

## *Sancho, Quixote e o acadêmico*

É hora do almoço, e percebo que não há sequer um restaurante no centro de Argamasilla de Alba. Tudo permanece fechado. Indicam um lugar, o "Irmãos Trujilo", que fica na rodovia, distante do perímetro urbano. É mais um desses *paradores* de beira de estrada, que servem vinhos bons e baratos e uma impecável costeleta de cordeiro: suculenta, macia, daquelas que desmancham sozinhas na boca.

Com o sol a pino, às duas da tarde, deixo o carro e perambulo pelas ruas da cidade. O silêncio é total; aqui, *la siesta* – o repouso depois do almoço – é sagrada. Em nenhuma outra comunidade levam tão a sério o ritual. Tudo permanece fechado, numa estagnação enervante. Não se vê viva alma. O alarido de um pássaro distante é o único ruído que ouço em uma hora de caminhada. A impressão é a de que o lugar se mantém assim, sem alterações, há séculos.

Como não há o que fazer, entro novamente na igreja. Fico por alguns minutos observando o quadro de Dom Rodrigo Pacheco. Seu olhar parece triste, distante, perturbado. Tudo está envolto numa atmosfera trágica: a igreja vazia, a penumbra daquele ambiente fechado, coberto de enigmas.

Por que os "Acadêmicos de Argamasilla" não podem ser localizados? O que há neste lugar que explique a razão de as pessoas não aparecerem nas ruas? Minha imaginação começa a formular hipóteses absurdas. Tento estudar os poucos tipos que surgem à minha frente. O garçom que me serve uma cerveja no bar ao lado da igreja – mal-humorado, impaciente – e o garoto que me segue pelas alamedas da praça. Parece ter problemas mentais. Por onde quer que eu ande, lá está ele atrás.

Pouco além das cinco da tarde, encontro a secretária dos acadêmicos. Seu nome: Pilar Serrano, uma mulher miúda, cinqüenta anos, morena, de cabelos curtos e um jeito sério que atesta competência naquilo que faz. Ela chega um pouco atrasada e me leva para uma sala do museu Casa de Medrano. Pergunto sobre a instituição da qual faz parte e sobre o passado da cidade. Com a voz pausada, tranqüila, ela vai tecendo um perfil daquele estranho lugar: "A nossa história é longa. Preciso contar tudo desde o começo", afirma ela, puxando a cadeira, numa demonstração de que a conversa ia demorar. "Antigamente, a aridez da terra obrigava a gente manchega a agrupar-se nos poucos locais onde havia água. Nosso povoado estava inicialmente estabelecido num lugar bem próximo ao Rio Guadiana, chamado La Moraleja. Por volta de 1555, numa das cheias do rio, uma grande inundação destruiu, em poucas horas, todas as casas e arruinou o povoado."

Depois, continua Pilar, chegaram à região 300 famílias de mouros refugiados, que adentravam a Mancha para escapar das perseguições. A vila foi reconstruída e ganhou uma nova igreja, edificada pela confraria de Vera Cruz. Tudo parecia ter voltado à normalidade, os habitantes se dedicavam, tranqüilamente, ao cultivo das terras vizinhas, até que uma forte epidemia se abateu sobre o vilarejo, dizimando grande parte das mulheres, velhos e crianças.

Os moradores de Argamasilla, uma vez mais, correram para outro canto, o Cerro Boñigal, que chamaram carinhosamente, e cheios de esperança, de "lugar novo". Em poucos anos, são surpreendidos por mais uma epidemia, que devasta quase toda a população e deixa um rastro de desespero. Os que resistiram se dispersaram. Só voltaram a se reunir anos mais tarde, na área onde está hoje Argamasilla.

Para se livrar das constantes cheias do Guadiana, que ressuscitava velhos problemas e calamidades, os homens improvisaram um dique para desviar o curso das águas. Mas a engenhoca provocou o acúmulo de ondas na direção do povoado vizinho, Tomelloso. Os dois vilarejos entraram em profundo litígio, com embates cheios de violência e morte, que lhes roubaram a paz durante décadas.

A expulsão definitiva dos mouros da Espanha, conduzida com mãos de ferro pelo reinado, no século XVII, provocou a completa decadência de Argamasilla. As famílias mouriscas representavam a principal força de trabalho e tinham tornado o município mais produtivo, hospitaleiro e festivo. Os árabes eram de emprestar alegria, cantando e dançando enquanto trabalhavam. Os nativos que restaram foram pouco a pouco abandonando suas lavouras e se rendendo à penúria.

"Somos um povo que vive da porta de casa para dentro, ninguém gosta de sair pelas ruas, parece que trazemos dentro de nós as desgraças que abateram nossos antepassados", desabafa Pilar Serrano. "Temos também os traços de um povo andante, como nosso cavaleiro Dom Quixote. Por isso, digo com certeza, ele não pode ser de outro ponto que não seja Argamasilla de Alba."

Pilar explica ainda que o povo de Argamasilla não tinha a menor noção de organização social. As famílias se metiam em casas como os trogloditas nas covas. Não havia solidariedade, ninguém ouvira falar em associações ou cooperativismo. Os homens iam sozinhos ao trabalho. As mulheres não arriscavam mais do que a missa do domingo. "Por falta de instinto coletivo, o povoado havia se arruinado." Sobre os acadêmicos, Pilar Serrano é econômica.

O pouco que revela: "É uma instituição que busca preservar tradições." Pergunto, então, quem em Argamasilla representaria melhor a figura de Dom Quixote e a de Sancho Pança.

Ela informa que, uma vez por ano, a história do cavaleiro andante é encenada na praça, num evento que reúne visitantes de toda a Mancha. Os personagens principais: Pedro Serrano, dono de uma barbearia, faz o Sancho. Jose Luis Fernandez, distribuidor de bebidas, é o Cavaleiro da Triste Figura.

Vamos, é claro, até a barbearia de Pedro Serrano – um senhor careca, de barba branca, baixinho e risonho – para uma conversa de final de tarde. A Peluqueria del Pedro tem as paredes decoradas com objetos quixotescos, como a bacia de barbeiro, que, na história, o cavaleiro garantia ser um elmo, espécie de capacete que complementa a armadura.

O salão está cheio de fregueses. Enquanto apara um bigode, com a tesoura ligeira, Pedro conta entusiasmado um pouco da sua investida no teatro amador: "Faço o Sancho Pança há seis anos e, hoje em dia, basta vestir o sombreiro para me sentir na pele do personagem. Nós, de Argamasilla, levamos tudo isso muito a sério. As tradições cervantinas são passadas de pai para filho há quatro séculos, isso tem um peso enorme e é muito gratificante." O barbeiro fala, sem parar e sem perder a linha do bigode que está aparando. Recorda tiques e trejeitos do Sancho bonachão.

Pouco depois, chega Fernandez, atendendo a um chamado de Pilar. Sua semelhança com Dom Quixote é incrível: o rosto enxuto, o cavanhaque ruivo, até os olhos arregalados e as profundas olheiras. Ele senta na cadeira da barbearia e aproveita para retocar o adereço que o torna mais parecido com o personagem de Cervantes. "Eu me identifico muitíssimo com Dom Quixote. Tenho um senso de justiça fora do comum, fico indignado com covardias", afirma.

Fernandez aproveita para narrar a cena do livro que mais lhe chama a atenção: "É aquela passagem em que o cavaleiro, reparador de agravos e injustiças, salva um jovem pastor dos açoites dados pelo seu patrão, indignado por ele ter se descuidado do rebanho. A tristeza maior do episódio está no fato de que assim que o cavaleiro vai embora, entretanto, recomeça o açoite."

O Dom Quixote contemporâneo conta que estudou minúcias sobre o seu inspirador antes de representá-lo. E que aprendeu tudo sobre o assunto com um dos "acadêmicos", José Dias

Carreton, por sinal, vizinho da barbearia. Pergunto onde fica exatamente a casa. Ele me faz prometer que não contaria para Pilar – que já havia ido embora. Assumo o compromisso, e ele indica a residência.

Perto de anoitecer, toco a campainha da casa de Carreton, um sobrado discreto, fechado. É o próprio acadêmico, um homem idoso, com um bigode ralo e enormes óculos quadrados na face, quem abre a porta. Mostra-se surpreso com a presença de um estranho. Feitas as apresentações, ele concorda em conversar. Isso depois que o provoco, dizendo já ter lido, em algum lugar, que Cervantes escrevera seu livro quando preso em Sevilha e não em Argamasilla.

Irritado, o acadêmico – que anda auxiliado por uma bengala – convida para entrar. A casa é escura, parece desabitada. Sentamos num amplo escritório, com quatro paredes forradas de livros. Vestido sobriamente com um paletó marrom, camisa, colete e gravata, ele começa a me mostrar volumes e documentos antigos.

Preciosidades como *Relaciones topográficas de los pueblos de España*, levantamento realizado a pedido do rei Felipe II, em 1575, que nos permite conhecer Argamasilla e toda a Mancha à época de Dom Quixote. O documento informa que, no ano em que foi feito, a cidade tinha uma população de 700 moradores, que ocupavam 600 casas. E que Argamasilla era "um povoado enfermo", em decorrência da proximidade com o Rio Guadiana, leito de águas que vertiam "maus vapores" nos períodos de cheia.

O documento, assinado por Juan Martinez Patiño, escrivão público da vila, assegura que, apesar da abundância das águas do rio, o povo de Argamasilla consumia água vinda de quatro poços existentes nas imediações Preferiam as grandes cisternas por acreditar que o Guadiana trazia "enfermidades". Nos meses de agosto, quando o verão castigava o povoado, o escrivão explica que os poços não eram suficientes para abastecer toda a cidade.

Noutro trecho, o texto menciona que naquele ano de 1575 existiam onze moinhos e seis monjolos no povoado, que tinham a função de moer o trigo. Junto com a criação de gado, compunham a atividade econômica básica do município. Metade do seu território estava coberta por cerros e vales e só a outra metade era cultivável. O escrivão, no capítulo 26 da sua narrativa, afirma: "A maior necessidade que esse povoado tem é de vinho, de legumes, de hortaliças, de frutas e outras necessidades comuns a todo povoado, porque nessa vila somente há abundância de pão e carne."

O capítulo 35 revela que as casas da vila eram construídas de pedra e barro, algumas poucas de madeira e que a menor parte delas tinha cobertura de telhas e a maior de folhas e palha. O escrivão traz um dado tétrico ao seu relato ao contar que Argamasilla era um povoado novo, que devia ter sido erguido sobre uma cidade arruinada, onde foram encontradas inúmeras sepulturas e ossadas.

Outros livros do acervo de Carreton, alguns escritos em tempos bem mais recentes, como *España en tiempos del Quijote*, do historiador Antonio Feros, também contribuem para melhor contextualizar nosso personagem em sua época. "Não há dúvidas de que a chamada Espanha de Cervantes, um período compreendido entre 1570 e 1616, foi um tempo de inquietudes, de ansiedades, de fracassos, de pestes e carestias, de corrupção, de temores, de crise, de perda de influência política na arena internacional, de exploração e colonização, de violências e crueldades", diz o texto.

*España en tiempos del Quijote* configura aquele como o pior período de crise, com anos seguidos de más colheitas e perda da capacidade produtiva. Além disso, o povo amargava os efeitos da inflação e da desaceleração econômica, provocada pelo excesso de riquezas extraídas das possessões ultramarinas, que se deram nos séculos anteriores. Um momento de saturação.

Com isso, explica-se a decadência de uma geração de fidalgos que se viram ociosos e quebrados – como Dom Quixote –, nutrindo-se apenas das glórias dos anos dourados. Para eles não restavam alternativas senão tentar resgatar, em sonhos, os áureos séculos XV e XVI.

O mais surpreendente, na análise do acadêmico Carreton, é que, vencidos 400 anos, pouca coisa mudara em cidades como Argamasilla de Alba. "Hoje temos 6.800 habitantes, o que é um crescimento muito pequeno para quase cinco séculos", sentencia. "Além disso, quase não temos atividades produtivas nem atrativos turísticos. E o senhor ainda quer dizer que Cervantes não esteve preso aqui? Jesus, se Dom Quixote não foi de Argamasilla é melhor, então, que o mundo desabe sobre nós."

Com essa frase na cabeça gasto minhas últimas horas em Argamasilla de Alba. Depois do encontro com Carreton, sento, por alguns instantes, na praça em frente à igreja. Vejo que a cidade tem um lampejo de efervescência: estudantes jogam bola num campinho improvisado, em deliciosa algazarra. Uma ou outra loja abre sua porta. Uma senhora passeia com seu cãozinho de estimação. Um casal namora, desajeitado, no banco da praça.

Minutos depois, os garotos se recolhem, o comércio fecha e a cidade mergulha novamente no marasmo. Uma vez mais, o filósofo Miguel de Unamuno me vem à memória: "A terra que alimentava a Dom Quixote é uma terra pobre. E esta pobreza do solo fez seus moradores andarilhos, pois tinham que ir buscar o pão em terras longínquas, guiar as ovelhas de pasto em pasto. Nosso fidalgo teve que ver, ano atrás de ano, passar os pastores com suas ovelhas, sem se fixarem a lugar algum. E assim, sonhou ver terras novas e correr mundo." É perfeita a imagem que ele traça.

Como não há hotel, passo a noite, sozinho, numa casa enorme que fora alugada pelo Departamento de Turismo de Castilla La Mancha para me receber. O quarto, junto à porta de entrada, é espaçoso, com uma cama de casal, um velho armário de madeira, duas cadeiras e um criado-mudo, onde está um exemplar do *Quixote*. Na parte social, há uma sala, cozinha e um banheiro. No andar de cima, quatro quartos, fechados num silêncio de arrepiar.

Na triste madrugada de Argamasilla me fazem companhia o barulho das corujas, o badalar do sino da igreja e o latido distante de um cachorro. Deixo-me levar num sono que mistura imagens reais daquele dia instigante com devaneios produzidos pelo meu imaginário. Vislumbro o acadêmico Carreton a ler o epitáfio sobre a sepultura de Dom Quixote:

Aqui jaz o cavaleiro
bem moído e malandante,
a quem levou Rocinante
por estrada e por carreiro.
Sancho Pança, alvar parceiro,
jaz aqui bem a seu lado;
foi mais firme e dedicado
que qualquer outro escudeiro.

## *O roteiro do vinho*

A luz do sol interrompe o sono e escuto os primeiros rumores do dia. Uma senhora canta na casa ao lado uma canção apaixonada, com a voz desafinada. Uma carroça passa pela rua, rangendo a roda. Arrumo minhas coisas, sigo na direção do famoso Castelo de Peñarroya, uma antiga fortaleza plantada pelos muçulmanos em uma penha, na ribeira do Guadiana.

Há registros de que desde a época romana existia um grande povoado no lugar onde foi construído o castelo. Essa povoação, entretanto, desapareceu com o tempo. Mas permaneceu, em meio a ruínas da pequena igreja do lugar, a imagem da Virgem, que foi descoberta por um mouro e depois transladada para Argamasilla, onde passou a ser cultuada.

O povo de Argamasilla de Alba reconhece na santa a sua padroeira e promove solenes cultos em sua homenagem. Durante a reconquista, havia uma tradição segundo a qual os cristãos juravam perante a imagem defender a Espanha e lutar até o completo extermínio dos árabes. Antes das batalhas, os cavaleiros faziam orações junto à santa. Só então partiam para os combates.

Depois de visitar as ruínas dessa fortaleza, que reflete em sua construção o estilo de diversas épocas, pego o rumo de Tomelloso, a capital manchega do vinho, cidade distante apenas seis quilômetros de Argamasilla, onde estão registradas mais de 4 mil vinícolas.

Certa vez o jornalista espanhol Victor de la Serna exagerou dizendo que Tomelloso "está edificada sobre uma cisterna de vinho". Mas é quase isso. Assim que chego ao lugar e sinto seu aroma forte, ácido, entendo o sentido da frase. Mais de quarenta chaminés de fábricas de álcool vínico, associadas às casas de paredes brancas, amplas ruas e espaçosas praças formam o perfil de Tomelloso.

Nascida em 1589, até o ano de 1940 não era nada além de um vilarejo rural, com vielas de terra e vendas onde se hospedavam comerciantes, viajantes e aventureiros. Cervantes escolheu uma dessas vendas para ambientar o curioso delírio em que Dom Quixote confunde odres de vinho com a cabeça cortada de um gigante, inimigo da princesa Micomicona.

*"O melhor é que não tinha os olhos abertos, porém dormia e sonhava que estava batalhando com o gigante; tão intensa foi a imaginação da aventura que ia empreender, que o fez também sonhar que chegara ao reino de Micomicão, e que já estava em plena luta contra o inimigo. Havia dado tantas cutiladas nos odres, crendo que as dava no gigante, que todo o aposento estava inundado de vinho."*

De vila rural, com suas hospedarias e bodegas artesanais, o quixotesco lugar adquiriu a partir da segunda metade do século XX características mais elaboradas. Suas ruas foram asfaltadas e a cidade ganhou o *status* de primeira produtora de álcool vínico da Espanha. Como não podia deixar de ser, sua patrona, cujo santuário fica a quatro quilômetros do centro, é Nuestra Señora de lãs Viñas. Todas as refeições, desde o café-da-manhã, o chamado *desayuno*, são acompanhadas nessa cidade de uma *copa de vino*, como dizem os espanhóis.

Os turistas que passeiam por ali apreciam muito a igreja paroquial de Asunción, do século XVI, e o museu monográfico dedicado a

Antonio López Torres, importante pintor espanhol nascido no município. Afora isso, a pedida fica por conta das bodegas, que podem ser visitadas assim como em Valdepeñas, a outra cidade manchega campeã na produção de vinho. Em Valdepeñas, a presença moura ficou marcada na igreja, que tem lápides grafadas em caracteres árabes.

As duas abrigam grande parte dos mais de 700 mil hectares manchegos cultivados com vinhas. Um paraíso para o bom-copo Sancho Pança. A ele, Dom Quixote costumava dizer: "*O bom vinho é uma jovial criatura, se dele se fizer bom uso.*"

Após obedecer à lição e saborear apenas uma *copa*, deixo a cidade e sigo para Campo de Criptana, lugar onde acontece o malogro de Dom Quixote. Ele espatifa-se no chão depois de enfrentar – lança em riste – as pás de um moinho de vento, que ele também confundira com terríveis gigantes.

Pela primeira vez durante minha viagem o dia amanhecera nublado, quase chuvoso. O frio está ainda mais intenso – seis graus, segundo o termômetro do carro –, e uma neblina de inverno cobre morros e planícies. Passa das duas da tarde, quando entro numa estrada pitoresca, a N-420, sentido de Campo de Criptana.

Avisto nas margens da rodovia mais um pastor acompanhando suas ovelhas. Armando Flores é mais velho e mais tradicional do que Angel Aguirre: usa o clássico cajado. A descida do homem junto a seus animais, pela colina, remete à passagem do livro na qual Dom Quixote investe alucinadamente contra um rebanho, acreditando tratar-se de exércitos inimigos: "*Irrompeu pelo meio do esquadrão ovino e começou a lanceá-las com tanta coragem e denodo, como se deveras alanceasse os seus mortais inimigos. Os pastores e criadores que vinham com o rebanho gritavam-lhe que não fizesse aquilo...*"

Armando Flores não sabe ler, mas conhece – "como todo espanhol" – as peripécias de Quixote. Ele trabalha numa pequena estância e prepara, de maneira artesanal, o famoso queijo manchego, de casca amarelada e interior branco, firme, leve, ligeiramente salgado. Todo o processo obedece a um ritual secular. Para perpetuar o sabor e a reputação, os produtores cuidam do queijo já desde o manejo com as ovelhas, passando pelo modo de ordenhá-las e até de embalar, delicadamente, em cestas de madeira, com um desenho entrelaçado.

O pastor mantém uma relação sentimental com seus animais. Conhece cada um deles pelo nome, tem um código próprio de comunicação com eles. A simples presença de Armando parece dar segurança ao rebanho. Quando o homem se afasta, os bichinhos param de pastar e o acompanham. "Tá, tá, tá, ê, ê, ê, oi, oi, oi", assim ele reúne aqueles que se dispersam. Um sino no pescoço ajuda a localizar alguma ovelha desgarrada.

Para enganar o cansaço, Armando senta-se num monte, pega uma flauta feita de bambu e dedilha uma canção triste. "A música é a companheira do pastor em sua solidão", diz ele. Esse condutor de ovelhas aprendeu o ofício com o pai, que o herdou do avô. O pastoreio de ovelhas segue assim, na Península Ibérica, desde sempre, aproveitando-se do potencial de um animal que sobrevive numa região árida, de pasto reduzido, jorrando muito leite para o pouco que come.

O pastoreio, nas antigas civilizações européias, deixou poucos registros. Supõe-se que os mais primitivos deslocamentos do homem com seus rebanhos remontam à época pré-romana, pela descoberta de vestígios de trilhas por onde circulavam os animais. Durante o domínio romano, as leis reconheciam a atividade profissional e protegiam as vias pastoris. Não se podia tocar nos lugares convenientes para alimentar o gado. Quem infringisse as normas era penalizado.

Na época visigótica foram, também, tomadas medidas de proteção dessa categoria profissional. Na Idade Média, ela assumiu ainda maior importância, pela difusão que atingiu. O século XII sagrou-se como o período chave na história do pastoreio, caracterizado pelo incremento do número de cabeças de gado. Porém, foi no século XVIII que esse animal ganhou peso especial: os mercados internacionais procuravam e pagavam caro pela lã de qualidade.

Até o final do século XIX, a atividade mantém a pujança em toda a península. A partir de então, começa o seu declínio, ainda que de uma forma desigual, de acordo com as diferenças regionais. Segundo estatísticas recentes, as últimas décadas registram na Espanha uma forte diminuição dos efetivos pecuários envolvidos em movimentos de "transumância" – as viagens de longas distâncias com os rebanhos. Em algumas montanhas, a prática já foi totalmente abandonada. Como causas deste declínio figuram o envelhecimento da população ativa, que reflete na dificuldade de recrutar pastores, o desinteresse em criar o gado e o surgimento de sistemas mais modernos de estabulação.

As extensas viagens, que na Espanha chegavam a atingir centenas de quilômetros, passaram a ser feitas na maioria das vezes de caminhão. São escassos os rebanhos que na atualidade se deslocam a pé, nas antigas trilhas, de precária conservação. Na Mancha, elas ainda permanecem como nos tempos de Quixote – e o pastor Armando Flores é prova viva disso. É incrível constatar que, em pleno século XXI, ainda restam traços tão marcantes de uma Europa rudimentar e arcaica.

## *Os moinhos de Criptana*

Dois quilômetros à frente do ponto onde encontrei o pastor Flores está o antigo povoado de Campo de Criptana, localidade que, por sua posição geográfica, situada sobre uma colina com vista para uma extensa região, teve grande importância estratégica para diversos povos que brigaram pelo domínio da Espanha.

Construída sobre as ruínas de Certina, uma poderosa cidade da antiga civilização romana, a vila teve seus melhores dias na Idade Média, favorecida pelos mestres da Ordem de Santiago. Começou a entrar em declínio no primeiro decênio do século XVII, quando uma crise embalada pela quebra na agricultura, por doenças e pela política de pressão fiscal estabelecida pela Coroa fulminou a economia de toda a região.

Esses anos, que coincidem com a época em que Cervantes criou Quixote, foram marcados por profunda desigualdade social. Só a minoria abastada, composta por membros da nobreza e do clero, tinha todo conforto e regalias. Documentos deste período informam que apenas 11 famílias detinham mais de um terço da riqueza de todo o município. Além de poder econômico, também comandavam a política. Os favores e os principais benefícios do poder público eram oferecidos unicamente à oligarquia. O resto da sociedade vivia com renda baixíssima e em condições subumanas.

Os mesmos documentos – as tais relações topográficas feitas a pedido do rei Felipe II, no ano de 1575 – informam que "essa é uma terra sem águas" e que a população, "mil pessoas, mais ou menos", se abastecia de uma fonte de água doce, estabelecida ao pé da serra, que não era suficiente para suprir a terça parte dos moradores. O texto, assinado pelo escrivão Christobal Muñoz, informa que existiam por lá famílias de fidalgos, que não pagavam impostos à sua majestade. Além de muitos pobres, inclusive crianças, que viviam de pequenos serviços.

Campo de Criptana era e ainda é uma cidade estritamente rural, que tira o sustento com produtos agrícolas mediterrâneos: cereais, azeitona e vinho. Entre o final do século XVI e o começo do XVII, o povoado experimentou um processo primário de industrialização, com a fabricação de farinha de trigo em moinhos de vento.

Postados sobre uma colina, como se estivessem vigiando toda a Mancha, os moinhos de Campo de Criptana são vistos bem de longe. Quando Cervantes lançou seu livro, que viria a ser um clássico, esses moinhos ainda eram uma relativa novidade na Europa, introduzida pelos árabes.

Esse é um exemplo notório de que, para compor um enredo fictício, Cervantes não só apelou para um instrumento real que vinha despertando a atenção dos espanhóis – o moinho – como buscou inspiração na história. De acordo com estudiosos da obra, o autor concebeu a luta que o cavaleiro trava contra um moinho ao ver de perto o escudo de armas de Alcázar de San Juan, localidade a légua e meia de Criptana. No escudo, mostra-se a imagem de um cavaleiro da Ordem de San Juan que arremete, lança em punho, contra um castelo.

Cervantes teria apenas substituído o castelo pelo instrumento mais comentado naquele momento. E para isso, montou a ação de Quixote num cenário existente e conhecido. O Cadastro Municipal de Campo de Criptana registrou em 1752 a existência de 34 moinhos de vento no alto da colina que cerca a cidade. Na cena que abre o capítulo VIII, da primeira parte do Quixote, o escritor menciona: "*Nisso, descobriram trinta ou quarenta moinhos de vento que há naquele campo; e mal os viu, disse Dom Quixote ao escudeiro: 'A aventura vai guiando nossas coisas melhor do que poderíamos desejar, porque ali vês, amigo Sancho Pança, trinta desaforados gigantes, ou pouco mais, a quem penso combater e tirar-lhes, a todos, as vidas, e com cujos despojos começaremos a enriquecer; será bom combate e grande serviço prestado a Deus o de extirpar tão má semente da face da terra.*'"

Dito isso, o Cavaleiro da Triste Figura encomenda-se à sua amada Dulcinéia, dedica a ela o sucesso da investida ou a sua morte e parte contra um desses moinhos. É arremessado longe, ele e também seu Rocinante. O episódio tornou-se o mais conhecido e comentado de toda a novela. A magia que encanta os leitores está na maneira tragicômica com que revela o ponto em que chegavam as alucinações do anti-herói. Em 1617, já na primeira vez que a história foi ilustrada – para a segunda edição da versão inglesa, de Thomaz Shelton – Sancho e Quixote aparecem na gravura com o moinho ao fundo.

Hoje, o palco emblemático da novela de Cervantes encontra-se parcialmente preservado. Dos 34 moinhos que existiam, perduram três, que ganharam *status* de "monumentos" por sua antigüidade e são escorados por vigas de madeira. Dois deles – o primeiro batizado de *El Burleta* e o segundo de *El Sardínero* – são de 1555. O terceiro, *El Infante*, entrou em operação em 1500. Outros sete moinhos foram erguidos a partir de 1900 para reconstituir a paisagem. Nenhum deles, porém, mantém a função original: moer o trigo. Servem apenas como atrativo turístico de uma rota literária.

Os moinhos estão situados sobre um cerro não por questões estéticas, mas porque, no alto, as correntes de vento favorecem o melhor funcionamento. Subir as ladeiras de Campo de Criptana e topar com os moinhos proporciona, sem dúvida, um dos principais prazeres para quem vai buscar a alma e a personalidade da Mancha. Caiados de branco, com suas quatro pás de madeira, esses majestosos artefatos fazem parte do imaginário coletivo. São peças fundamentais da história de Cervantes.

Na parte térrea dos moinhos, os *molineros* jogavam conversa fora, entre goles de vinho da terra, enquanto a máquina funcionava no andar de cima. O acesso a esse piso se dava por uma escada em caracol. Ali, as pedras de moer eram movidas pelo vento, que fazia girar as enormes pás.

Os moinhos se encontram atualmente abertos à visitação, sem a necessidade de pagar ingresso. De suas pequenas janelas, junto ao maquinário, no alto da torre, é possível avistar de um lado um grande descampado argiloso. De outro, bem ao longe, a charmosa vila esparramada ao pé do morro. Com suas casinhas pintadas de branco e azul, praças, a igreja de Asunción – construída em 1590, em estilo gótico – e as ruelas por onde transitam moças bonitas, como no versinho popular que diz:

*Al Campo de Criptana*
*Van mis suspiros,*
*Tierra de chicas guapas*
*Y de molinos*

Por falar em *chicas guapas*, nosso próximo destino é El Toboso, cidade da musa inspiradora de Dom Quixote, Dulcinéia. Mulher que – nas palavras do cavaleiro –, "*quanto à formosura, ninguém a iguala*".

## *El Toboso de Dulcinéia*

El Toboso é a mais típica vila manchega que há em toda a região. Festejada no livro como "*la gran ciudad de El Toboso*", ela parece ter andado para trás, regredido no tempo, e hoje é menor do que nos dias de Quixote. Seus problemas apareceram, como em outras comunidades, com a expulsão dos mouros que vinham perambulando, feito nômades, e sendo banidos de terra em terra. O grupo, que avançava cada vez mais rumo ao interior, procedente de Granada, era muito disposto para o trabalho. Transformou-se na força mais ativa da população e deu cara nova à agricultura, com técnicas e espécies jamais cultivadas na Espanha.

Quando foram embora, a economia minguou e a maior parcela da sociedade não tinha onde colher o sustento. Um batalhão de mendigos tomou conta das ruas da cidade, a ponto de El Toboso abrigar uma confraria beneficente – a de São Sebastião –, que tinha a missão de dar um enterro cristão à infinidade de pobres que morriam em seus limites famintos e doentes.

Nos dias atuais, com apenas 1.500 habitantes, conserva uma atmosfera cervantina em suas ruas desertas. A igreja do século XV, dedicada a Santo Antônio Abade, que Dom Quixote observou ao chegar no vilarejo, permanece intacta. No capítulo IX, da segunda parte do livro, Cervantes narra esse episódio: "*A meia-noite estava mais ou menos por um fio, quando Dom Quixote e Sancho deixaram o monte e entraram em Toboso. No povoado reinava um tranqüilo silêncio, porque os seus habitantes dormiam e repousavam de perna espichada (...) Seguiu Dom Quixote à frente e, havendo andado cerca de duzentos passos, deu com o vulto que fazia a sombra: vendo uma grande torre, logo compreendeu que tal edifício não era alcázar, mas a igreja matriz da aldeia.*"

Numa das ruelas de pedra de El Toboso conheço Isabel Fernandez Morales, uma mulher decidida, dona da única pousada do lugar, a Casa de la Torre. Vendo meu interesse pela cidade, ela se aproxima e se dispõe a dar algumas explicações sobre a terra de Dulcinéia: "Com certeza, se Dom Quixote chegasse por aqui novamente, numa madrugada como aquela que está no livro, daria apenas com a torre da igreja e com um enorme silêncio interrompido apenas pelos latidos dos cães, miados dos gatos e grunhidos dos porcos", observa.

Foi pensando em recriar o clima de Cervantes que Isabel montou sua pousada, cuidando dos mínimos detalhes. "Minha idéia é transportar as pessoas para as páginas do romance." Para isso, restaurou minuciosamente uma casa do século XVII e decorou os 14 apartamentos com luminárias, móveis, porcelanas e dezenas de objetos que remetem à cultura popular manchega. A comida que serve é elaborada com produtos significativos da região, como o açafrão, o queijo de ovelhas, o azeite e a berinjela, além das carnes de caça, principalmente a perdiz. O criador de Quixote enche linhas e linhas para falar desses ingredientes. Outras receitas são descobertas por ela em pesquisas que faz entre antigas moradoras e cozinheiras.

Pergunto até que ponto o ícone de Dulcinéia persegue as atuais mulheres de El Toboso. "Minha vocação está muito mais para ama do que para Dulcinéia", afirma ela, referindo-se à criada que na história servia Dom Quixote. A aparência bem cuidada de Isabel, permanentemente maquiada, a aproxima da nobreza e não das serviçais do século XVII. "Gosto de cozinhar, de servir, mas também de organizar, com esmero, eventos que relembram a obra de Miguel de Cervantes e a literatura em geral."

Um dos acontecimentos é a memorável "Ronda Literária", que Isabel promove em noites de lua cheia, pelas ruazinhas de El Toboso. A festa começa nas travessas do povoado que têm nome de poetas, como García Lorca e Maria Zambrano. Quem adere ao movimento declama versos dos escritores, contaminando as pessoas que observam das janelas ou paradas nas esquinas. Os textos ditos com paixão ficam ainda mais harmônicos ao som de uma guitarra, que vibra acordes de um autêntico e quente flamenco.

Com o dia já claro, a programação que Isabel Morales proporciona aos hóspedes inclui visitas pelos principais pontos da cidade. Uma parada imperdível é na avarandada Casa de Dulcinéia, que na verdade pertenceu a outra ilustre moradora, Ana Martínez Zarco de Morales, mas que ganhou tal título por ser a reprodução exata de uma construção do século XVII, com suas divisões internas, mobiliários e maquinário de época, incluindo uma curiosa prensa medieval de fazer azeite. Andar por seus cômodos é viajar no tempo.

Sair pelas ruelas em busca da Dulcinéia de hoje completa o roteiro de El Toboso. Pode ser uma estudante que acaba de sair do colégio ou uma garçonete de alguma cervejaria. Mihaela Florina, 21 anos, a tímida atendente do Bar Marjal, na saída do município, é uma delas. "Muita gente diz que pareço Dulcinéia, já dei até autógrafo para turista", diz ela, com sua pele branca e cabelos ruivos escorridos, enquanto tira no capricho uma *cerveza de barril*. Chego a me perguntar se ela é mesmo tão bonita ou se estou tendo uma visão, como o cavaleiro que via qualidades numa camponesa rústica e sem graça.

O melhor divertimento, no entanto, é andar pelas entranhas de El Toboso, conversar com sua gente e ouvir histórias e lendas do lugar. A contada sobre o general Dupont, dos exércitos de Napoleão, tem requinte. Ele teria desistido de aniquilar o povoado para não entrar para a história como destruidor de um símbolo universal do amor. Isso é El Toboso.

## *Alcázar e Esquivias, a outra pátria de Quixote*

A romântica aventura permanece em mim até a próxima parada, Alcázar de San Juan. No centro geográfico da Mancha, a cidade foi o local onde teria sido batizado, em 1558, Miguel de Cervantes. Embora o autor de Quixote tenha nascido em Alcalá de Henares, próximo a Madri, consta nos livros paroquiais de Alcázar o seu batistério. Mas há quem duvide da autenticidade do documento ou o atribua a um homônimo. Nem mesmo os mais respeitados estudiosos cervantistas conseguiram, em quase cinco séculos, decifrar esse enigma.

Alcázar de San Juan foi ocupada pela Ordem de San Juan, que tinha origem na Ásia e que resolveu estender sua ação até a Europa. Os líderes do grupo religioso e militar aceitaram a doação, por parte da Coroa espanhola, de um castelo onde fortaleceram a luta contra os muçulmanos – de lá marcharam para suas conquistas na Península Ibérica.

Nas cercanias do castelo, tomaram posse de terrenos desabitados. Ocuparam ainda várias terras ermas e acabaram alcançando poder e riqueza em território espanhol. Alcázar de San Juan virou sede de um severo tribunal eclesiástico. Talvez o mais tirano de que se teve notícia na Europa.

Os antigos tribunais eram encarregados de reprimir aqueles que se opunham à doutrina cristã. A multiplicação das heresias populares, a partir do século XII, levou os papas a estabelecerem regras jurídicas que pudessem combater os desvios cometidos contra a fé católica. O Concílio de Verona, em 1183, lançou os fundamentos da Inquisição, ordenando que fossem entregues à justiça religiosa os tais hereges.

Alcázar de San Juan foi destruída diversas vezes durante a belicosa história da Mancha. Seus habitantes conseguiram se reerguer dos escombros em muitas delas. Tem hoje porte médio, ruas largas e comércio próspero, com lojas de moda, eletrodomésticos e informática, que atendem às necessidades das cidades menores. Quase todo espanhol conhece pelo menos a lotada estação ferroviária, às margens da movimentada estrada de ferro que liga Madri a Sevilha.

Apesar do relativo progresso, inflado em 1939 pela indústria de material ferroviário Devis S.A., Alcázar de San Juan emana tristeza semelhante à das cidades vizinhas, certamente também movida pela idêntica sensação de que as horas passam devagar, o dia e a noite são longos demais e o desenvolvimento europeu se esqueceu de aportar por aqui.

As cidades manchegas cresceram, sobretudo no último quarto do século XIX, impulsionadas pelas culturas de trigo, de uva e pela produção de vinho. Como todo espanhol é voraz comedor de pão e bom bebedor de vinho, a economia regional teve no que se segurar. Porém, usando ainda métodos primitivos. Durante o verão, por exemplo, nas eiras próximas das aldeias, os homens malham o trigo ao estilo medieval, por entre nuvens de poeira dourada.

O vinho, em muitos casos, também é preparado de maneira artesanal. De ponta a ponta na Mancha os camponeses possuem uma adega subterrânea, onde o produto envelhece em grandes recipientes de terra cozida. É raro o pequeno proprietário que trabalha em ritmo profissional, mais raro ainda aquele que ambiciona a exportação. Sobrevive o cultivo para subsistência.

A secura obriga o agricultor a espaçar bem as cepas, a podá-las muito curtas. No inverno e início da primavera, a vinha se reduz a um morrião negro e a terra pedregosa é arada sem grandes cuidados. A mesma falta de técnica ocorre com o trigo, cujos rendimentos também são baixos.

O vinho manchego é forte para os padrões internacionais. Tem teor alcoólico de cerca de 14 graus, o que o torna bom quase que exclusivamente para consumo interno, com algumas exceções: há vinícolas que emplacam rótulos no exigente mercado internacional.

Na segunda metade do século XIX, uma praga na vizinha França — a filoxera — impulsionou o vinhedo espanhol. Os dois países assinaram um tratado, em 1877, que previa grande exportação da bebida, sobretudo a produzida na Mancha, para acudir o consumo de Paris. Durante anos, a vinha da Península Ibérica degustou um progresso sem precedentes. Depois a situação se inverteu: a França se refez e à Espanha chegou o flagelo que havia abatido o país vizinho. Os produtores que não tinham se organizado foram gravemente atingidos pela crise.

O cultivo de trigo também encontrou sérias dificuldades no árido solo da região. Sendo assim, a economia local cresceu em meio às adversidades, num cenário desfavorável, apesar de algumas iniciativas, como planos de irrigação e colonização. Os críticos costumam dizer que a Espanha foi capaz de colonizar um continente, mas não colonizou direito uma área localizada no seu coração: a Mancha.

O resultado desse aparente descompasso pode ser sentido em suas ruas. Caminhar pelas calçadas de Alcázar de San Juan, durante a noite, é uma empreitada triste e solitária. As pessoas que lotam o comércio durante o dia se recolhem no máximo às seis da tarde e dormem cedo. Por aqui não há aquela tradicional efervescência noturna das prósperas cidades espanholas.

Passo primeiro pela igreja onde teria sido batizado Cervantes, Santa Maria la Mayor, que tem sua origem no século XIII e foi declarada paróquia em 1226, quinze anos antes de o lugar ter recebido o título de vila, concedido pela Coroa. Suas portas estão fechadas. Ao seu lado está o Torreón del Gran Prior, uma grande torre quadrada, em estilo gótico, construída no mesmo período, e que se tornou o símbolo da cidade. Imponente, majestoso, parece uma fortaleza de pedra que pode ser vista a quilômetros de distância.

Percorro a *Plaza Mayor*, deserta, ornamentada apenas com um solitário monumento em homenagem a Sancho e a Quixote. O escudeiro em sua mula e o fidalgo sobre o Rocinante. O vento arrasta folhas e uma poeira espessa se desprende do chão. Alcázar de San Juan, nesta noite fria, lembraria mais um povoado de assombrações, não fosse um *cyber* café, onde poucos garotos se divertem na internet – um toque de renovação ao provincianismo local.

Às dez da manhã, satisfeito com um *desayuno* mais parecido com um almoço – no qual *tortillas* substituem o pão com manteiga –, parto para o museu Fray Juan, que guarda importantes objetos arqueológicos, entre eles mosaicos romanos.

Tento encontrar uma antiga "Confraria dos Amigos de Sancho", famosa por promover verdadeiras orgias gastronômicas inspiradas no gorducho escudeiro. Fico sabendo que os amigos não se encontram mais, desde a morte do patriarca do grupo, há cinco anos. Deixo a cidade em busca da última parada na Mancha: Esquivias, terra da mulher de Cervantes, Catalina de Salazar. O escritor morou na cidade por meses. Embora a convivência tenha sido breve, Esquivias quer revelar intimidade com o cavaleiro e reivindica para si, como Argamasilla de Alba, ser a pátria de Quixote. E não faltam argumentos convincentes para isso.

"Esse foi o único endereço do escritor na região. Portanto, o lugar da Mancha onde vivia seu personagem só pode ser Esquivias", afirma Susana Garcia, guia do museu Casa de Cervantes. "Além disso, nos livros paroquiais do município aparecem registros da época com nomes reais de personagens incluídos na obra ficcional."

O museu é uma construção senhorial do século XVI, com dois pavimentos, escudo de armas na fachada, pátio, curral e, como não poderia deixar de ser, uma bodega. Mantém à perfeição sua divisão interna, com portas e janelas originais. Na parte superior, existe um claustro em forma de galeria, ao largo do qual se dispõem os cômodos nobres: sala de jantar, sala de estar e dormitórios. Assim como os moinhos de vento, as *ventas* e as *casas del labrador*, essas construções são o retrato fidedigno da arquitetura manchega e, apesar das transformações impostas pelo tempo, fornecem informações precisas de como era a região percorrida por Dom Quixote.

No acervo, a Casa de Cervantes tutela papéis como a certidão de casamento do escritor, lavrada em 12 de dezembro de 1584, quando ele tinha 37 anos, e sua noiva, 19. Outros documentos armazenados no museu são os tais registros paroquiais a que se referia a guia. Entre eles, a certidão de batismo de Alonso Quijada, um fidalgo que teria o perfil psicológico muito semelhante ao de Dom Quixote.

"O homem que inspirou Cervantes enlouqueceu e terminou sua vida num convento, confuso de tanto ler livros de cavalaria", conta Susana Garcia. "Ele era parente de Catalina de Salazar, e inúmeras vezes o escritor o observou com olhos curiosos e críticos." Teria sobrado para o autor apenas a missão de mudar o nome de Quijada para Quijano.

Assim pode ter nascido o mítico Alonso Quijano, o fidalgo que se perde da sanidade, arma-se cavaleiro e vira Dom Quixote de La

Mancha. Recobrada a razão, arrepende-se de seus desatinos e quando se vê de volta à dura realidade, impedido de sonhar, morre de tédio e melancolia. Uma saga que nas palavras de Fiódor Dostoiévski "é o mais triste dos livros". O escritor russo julgava que por si só essa história já era suficiente para justificar a humanidade diante dos olhos de Deus.

Se Dom Quixote era de Argamasilla de Alba ou Esquivias, não importa. O relevante é descobrir que Cervantes tomou para sua ficção aspectos da vida real. Assim, utilizou lugares, cenários e personagens que de fato existiram. Não deixou de fora o intrincado aspecto religioso, com a dramática situação dos mouros. O autor se debruça sobre ela e a transforma em enredo de vários episódios da segunda parte do livro. A história do mouro Ricote é uma denúncia que faz à forma com que os árabes foram expurgados da sociedade.

Felipe III, em 2 de janeiro de 1610, havia dado um prazo de 30 dias para que os mouriscos que habitavam a Mancha deixassem suas propriedades, o gado e outros bens e fossem imediatamente embora. O relato é tão exato que ele aponta o nome do homem encarregado pelo rei de executar o decreto de expulsão: Dom Bernardino de Velasco, conde de Salazar.

O mouro Ricote diz no livro: "*Não se deve contar com favores ou dádivas porque, com o grande Dom Bernardino de Velasco, Conde de Salazar, a quem Sua Majestade encarregou de nossa expulsão, não valem rogos, nem promessas.*" Mais para a frente, ironiza a "*heróica*" decisão do grande Felipe III, de "*limpar e desembaraçar a Espanha desses frutos venenosos*".

Cervantes misturou realidade e ficção para fazer uma tremenda crítica à sociedade da sua época. Para torná-la palatável, transformou com humor sua matéria-prima numa obra que se confunde com a própria história do povo espanhol e com os valores mais universais: a busca da justiça, o encontro com Deus, o amor, o idealismo, a liberdade...

Deixo a Mancha com a certeza de ter sentido, cheirado e tocado nos ingredientes vitais de um dos mais significativos títulos da literatura mundial. Retorno a Madri, a capital da Espanha, onde Miguel de Cervantes entregou os originais manuscritos da primeira parte da obra, em dezembro de 1604, ao impressor Juan de la Cuestra.

## *Madri, íntima do cervantismo*

Neste final de tarde de trânsito caótico e temperatura na casa dos 17 graus, Madri é pura agitação. Parece que todos os moradores estão nas ruas, praças e avenidas comemorando a chegada da primavera. Na famosa *Plaza Mayor*, uma geração de pele tatuada esparrama-se pelo chão cantando e tocando violão. Na Puerta del Sol, um entra-e-sai de pedestres não deixa os carros circularem.

Antes não era assim. Nos primeiros dias do mês de julho de 1561, Felipe II e sua corte se mudaram de Toledo para esse povoado, que seria a futura capital. Não havia por aqui mais de 3 mil casas, onde viviam 15 mil habitantes. A fama da nova sede do reinado era a de ser um lugar pacato, calmo, com ar até meio interiorano.

O velho alcázar medieval foi reformado e ampliado a mando de Carlos I, sob a responsabilidade dos arquitetos Luis de Veja e Alonso de Covarrubias, para receber a família real. O que se pode dizer é que a escola gótica e o Renascimento transitaram timidamente pela vila sem plantar mais que umas poucas obras de renome.

É a chegada da corte que torna Madri a exuberante cidade que até hoje se impõe, vibrante, entre as charmosas capitais do mundo. O arquiteto Juan de Herrera imprime sua marca e sua personalidade na metrópole que está surgindo. Assim, Madri inicia uma fase em que são construídos grandes monumentos. Nos reinados de Felipe II, Felipe III e Felipe IV ganha equipamentos urbanos significativos – como a própria *Plaza Mayor* – e adquire caráter de uma grande cidade.

Apesar de Dom Quixote não ter cavalgado por Madri, o livro faz referência a alguns pontos *madrileños*, como a Puerta Guadalajara, junto à *calle* Mayor, que figura no romance como "*lugar de gente baldia*".

Em Madri são muitas as homenagens a Cervantes. Na *Plaza de España*, uma colossal reverência ao escritor chama a atenção dos transeuntes e é fotografada dia e noite por turistas do mundo inteiro. Principalmente neste ano de 2005 em que Dom Quixote completa quatro séculos de existência, querem aparecer ao lado do "mais espanhol dos escritores". É assim que se referem ao autor. Projetada pelos arquitetos Martinez Zapatero e Muguruza Otaño, a escultura foi executada por Lorenzo Coullaut Valera. Na *Plaza de las Cortes*, em frente ao Palácio Real, ergueu-se outro monumento a Cervantes, este obra de Antonio Solá e igualmente prestigiado pelos fãs do escritor.

O criador de Dom Quixote chegou ainda rapazote a Madri, junto com a novidade da capital. Tirou dela a motivação para escrever. Arriscou a publicação dos seus primeiros trabalhos quando tinha 21 anos. Eram quatro poemas que foram incluídos num livro editado em 1568 pelo catedrático e sacerdote Juan López de Hoyos. Tinha o longo título de *Historia y relación verdadera de la enfermedad, felicísimo tránsito y suntuosas exéquias fúnebres de la Sereníssima Reina de Espana Doña Isabel de Valois, Nuestra Señora.* Das poesias, Cervantes pulou para o teatro e compôs suas primeiras peças.

Sem sucesso, tentou a sobrevivência se alistando no Exército. Em 1571, um chamado mudou completamente sua rotina: serviria contra os turcos na batalha de Lepanto, em plena Grécia. A sorte não estava ao seu lado. Acabou atingido pelo estilhaço de um tiro, que o afastou do combate. Com febre e dor, teve sua mão esquerda inutilizada para sempre. Vem daí o apelido que herdou da caserna: maneta de Lepanto.

Em 1575, na viagem de volta à Espanha, foi capturado por corsários da Argélia, então parte do Império Otomano. Miguel de Cervantes, feito refém, amargou o cárcere até 1578, quando conseguiu ser libertado em troca de pagamento de resgate. A vida recheada de aventuras forneceu subsídios para a literatura, e Cervantes tentou, de novo, rabiscar histórias em velhos cadernos.

Insistiu nos textos teatrais e assinou cerca de 30 títulos. Publicou seu primeiro livro, *A Galatea*. Como não conseguia viver da produção literária, em 1587 viajou à Andaluzia, se estabeleceu em Sevilha e aceitou o emprego de comissário real de provisões. Na prática, sua missão era coletar azeite e cereais para abastecer a *Invencível Armada*, a gigantesca esquadra marítima que a Coroa espanhola criou com o objetivo de conquistar a Inglaterra.

Foi ainda cobrador de impostos: percorria aldeias calculando e recolhendo tributos. Colocando o dinheiro em alforjes, percorria longas distâncias a cavalo até chegar a uma casa bancária para depositá-lo. Acabou preso depois da quebra de um desses estabelecimentos, acusado de participar de golpe contra a Fazenda espanhola. A insólita experiência o devolveu para a literatura. Trancado na prisão, não se sabe se em Sevilha ou Argamasilla de Alba, começou a engendrar o argumento de *Dom Quixote*. Em andanças anteriores, já havia colhido elementos para redigir *A Numancia* e *Os tratos de Argel*.

Em 1605, na época da publicação de *Quixote*, decidiu estabelecer-se em Madri e saboreou os primeiros aplausos dos leitores e a atenção dos críticos. Começou a elaborar *Novelas Exemplares*, um conjunto de doze narrações breves, além de *Viagem do Parnaso*. O escritor e seus familiares viviam numa humilde casinha na *calle* del León, que fazia esquina com a Lope de Vega.

Nesse endereço teria produzido também a segunda parte de *Quixote*, impressa em 1613 pela gráfica de Juan de la Cuesta. Em 22 de abril de 1616, morreu na casa da *calle* del León e foi enterrado metros à frente, no Convento de las Trinitarias Descalzas, na mesma *calle* Lope de Vega. Na residência, permanece a inscrição: "*Aqui vivió y murió Miguel de Cervantes Saavedra, cuyo ingenio admira el mundo. Falleció em MDCXVI.*"

Após passear pela Madri repleta de lembranças cervantistas, sigo de metrô para o aeroporto de Barajas, onde embarco de volta para o Brasil. São cinco para uma da manhã quando o avião deixa para trás a Espanha de Dom Quixote. Olho pela janela as luzes da cidade. Recordo a Mancha, sua paisagem, seus personagens. Vem à minha cabeça o pastor de ovelhas Angel Aguirre e sua frase que sintetiza o espírito manchego: "Os dias e noites são sempre iguais por aqui. O que nos resta então é a imaginação, para inventar histórias bem mais emocionantes do que a nossa realidade."

Este livro foi composto na tipologia Legacy Serif,
no corpo 11,5/15, e impresso em papel off-white 80g/m$^2$
no Sistema Cameron da Divisão Gráfica da Distribuidora Record